世界是通的
——"一带一路"的逻辑

王义桅 / 著

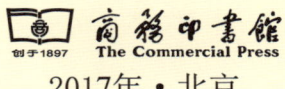

2017年·北京

图书在版编目(CIP)数据

世界是通的:"一带一路"的逻辑/王义桅著.—北京:商务印书馆,2016(2017.6重印)
ISBN 978-7-100-12164-4

Ⅰ.①世⋯ Ⅱ.①王⋯ Ⅲ.①丝绸之路—经济带—研究—中国 Ⅳ.F127

中国版本图书馆 CIP 数据核字(2016)第 071247 号

权利保留,侵权必究。

世界是通的——"一带一路"的逻辑
王义桅 著

商务印书馆出版
(北京王府井大街 36 号 邮政编码 100710)
商务印书馆发行
北京新华印刷有限公司印刷
ISBN 978-7-100-12164-4

2016 年 6 月第 1 版 开本 787×960 1/16
2017 年 6 月北京第 6 次印刷 印张 15¾
定价:58.00 元

内容提要

世界是平的，这可能是我们时代最大的错觉。其实，贫富差距、民心不通，乃各国所面临的紧迫挑战；全球化，成为我们时代的想当然。其实，所谓的全球化更多的是沿海地区与发达群体的"部分全球化"。今天，现代化人口规模从起初欧洲的千万级、美国的上亿级，向新兴国家的几十亿级迈进，单靠欧洲所开创的航线、美国所确立的规则，早已无法承载。

在这种时代背景下，中国提出"一带一路"伟大倡议，可谓古丝绸之路的中国化、时代化、大众化，堪称第二次地理大发现，体现中国崛起后的天下担当。同时也预示着，文明的复兴而非单向度的全球化才是世界大势所趋。以政策沟通、设施联通、贸易畅通、资金融通、民心相通"五通"所代表的互联互通，才是塑造人类命运共同体的根本，才能推动实现真正的"包容性全球化"，让全球化普惠而均衡，并落地生根，不仅为中华民族伟大复兴规划路径，也推动更多国家脱贫致富，开创21世纪地区与国际合作新模式。

本书深入浅出地阐述了"一带一路"时代的全球化、文明、战略、经济、政治、外交逻辑，揭示了"一带一路"倡议所展示的中国智慧与世界智慧，是继作者推出《"一带一路"：机遇与挑战》专著一年后从人类文明史与全球化反思角度研究"一带一路"的力作。

穷则变,变则通,通则久。

——《周易·系辞下》

序
"一带一路"的术与道

靳 诺

"形而上者谓之道,形而下者谓之器,化而裁之谓之变,推而行之谓之通,举而措之,天下之民谓之事业。"《周易·系辞上传》这句话,每每给我启迪,我很高兴这句话也同样启迪了王义桅教授。

就在《推动共建丝绸之路经济带和21世纪海上丝绸之路的愿景与行动》公布三周后,王义桅教授便在人民出版社推出国内"一带一路"研究的首部专著——《"一带一路":机遇与挑战》,及时准确地帮助国内外了解"一带一路"倡议。俄罗斯《导报》曾刊文指出,"一带一路"构想展现了中国对全球治理新理念的思考,"对中国来说,'一带一路'与其说是路,更像是中国最重要的哲学范畴——道"。正是秉持着这种思考和认识,王义桅教授不辞辛苦地赴世界各地讲"一带一路"的术与道,为通达天下而奋斗。

去年9月,我同王义桅教授赴布鲁塞尔参加中欧高级别人文交流对话机制第三次会议,王义桅教授给欧盟官员介绍"一带一路",引起热烈反响。他的演讲"中欧如何开创文明共同复兴的前景",不仅激活了丝绸之路作为东西方文明纽带的历史记忆,似乎也点燃了中欧开创新人文主义的雄心,让欧洲在跨大西洋关系之外,多了致力于欧亚大陆互联互通的选择,受到欧方高度赞许。我深切地感觉到,他不仅把"一带一路"当作事业,而且当作信仰,与其说研究"一带一路",不如说研究其背后承载的民族复兴与世界大同,故此才能超越旧学问与老思维。

不仅如此,王义桅教授的思考从未停止。《"一带一路":机遇与挑战》出版后,他深入基层,走向世界,包括接受我的推荐到新疆和中亚调研,更好地了解了国情与世情,发表了大量的"一带一路"研究成果,被称为中国的"'一带一路'先生"。一年之后,他又推出第二部"一带一路"研究专著《世界是通的——"一带一路"的逻辑》,思考更超越"一带一路"本身,通古今之迁变,承时代之使命,详尽而深入地分析"一带一路"的逻辑,从而实现对"西方中心论"历史观、"世界是平的"全球化逻辑的超越。

我非常欣赏本书的观点,西方主导的全球化让强者更强、弱者更弱,而互联互通是"一带一路"所倡导的"五通"之精髓,正帮助发展中国家实现弯道超车、变道超车和共同复兴,开创包容性全球化。今天,以互联互通为核心的"一带一路"通过包容性技术、包容性制度,正在摒弃旧式全球化,开创全球化3.0版。我们正在迈入万物互联的时代。"世界是通的",这是作者的坚定信仰及对世界的美好期许。

王义桅教授的上部专著《"一带一路":机遇与挑战》

出版后，被翻译成阿、英、韩、德、波、土、印地、日等多种语言出版，繁体字版由香港中华书局出版，并入选中宣部理论局、中组部干部教育局向党员干部推荐的第十一批学习书目，以及中国读书协会和中国图书评论学会"2015年好书"，产生了广泛的国内外影响。本书更是深入分析了"一带一路"及其所承载时代的逻辑、"一带一路"所透视的中国智慧与世界智慧，相信会取得更大的效应，带来更多正能量，值得大家一读。

"灵感来自五千年文明，激情来自万里河山。"王义桅教授喜欢历史，凡事推本溯源至5000年，外国人常称其为"五千岁"先生。更难能可贵的是，他心里不只是装着中华文明复兴和中国梦，更着眼于人类文明共同复兴和世界各国梦，这是他在国内外讲述"一带一路"时如此受欢迎的原因吧。

真诚为本书的出版感到高兴。祝愿"一带一路"事业成功。是以为序。

2016年4月23日

自序

讲好"一带一路"故事是21世纪人生之大幸。

"欧洲人最大的不幸,就是不能成为一个中国人!"欧洲启蒙运动旗手伏尔泰当年的感慨,启迪了意大利学者艾科。他去世前数月曾表示:"18世纪的欧洲盛行中国热,可惜欧洲人当时失去了与中国建立平等伙伴的历史机遇,如今再也不能有如此遗憾了。"

正如过去我们靠西方定义中国一样,现在越来越多国家拿中国来定义他们,或拿中国来说事儿。美国也不例外,托马斯·弗里德曼与迈克尔·曼德鲍合著的《昨日辉煌》(THAT USED TO BE US)的出版,可谓形象之至。

令人欣喜的是,中国在世界这一波"讲好中国故事"中不再失语、失态、失势。拙著《海殇?——欧洲文明启示录》的后记中曾经这样描述2008—2011年笔者在布鲁塞尔任外交官的经历:"自以为是的西方人老是无端诟病中国。我就算不是中国人,也会为中国辩护。"今天,不再只替中国辩护,不再只给西方讲,而是给我们自己,给广大世界人民讲中国故事了。

2015年11月,在第六届世界中国学论坛开幕式上,谭中先生感慨——何时外国人研究中国不再是引用美国人的而是中国人的著作,中国才算真正崛起了。笔者在闭幕式上称之为"谭中之问",并予以回答:"一带一路"倡议正赢回中国学的话语权。外国人研究中国的"一带一路"倡议,现在引笔者著作啦!台下许多外国人朋友纷纷点头。

这具有多么与众不同的时代意义啊!讲好中国故事,从讲好"一带一路"故事开始。

讲好中国故事,是一种境界。什么境界?就是讲中国故事之道。道在心中,而非老把"自信"二字挂在嘴边。推动人类文明复兴,超越现代化,实现包容性全球化,推动形成三种世界秩序:文明秩序、国际秩序、公民秩序,这是中国作为文明型国家的时代担当。笔者在本书及与程亚文合著的《天命:一种新的领导型国家的诞生》中,将"站在人类文明新高地"作为中国故事的精神境界,以实现21世纪的"张载命题":为天地立心,为生民立命,为往圣继绝学,为万世开太平。举例来说,世人将互联网当作技术、产业、平台载体抑或生产-生活-思维模式,都是站在网民的立场思考的,较少考虑非网民的感受。只有将互联网当作基础设施和人类的共同家园,让互联网发展成果惠及14亿中国人民,更好造福各国人民,才能告别互联网让"强者更强、弱者更弱;富者更富、穷者更穷;智者更智、愚者更愚"的局面,推动世界非网民尽快融入互联网,且有望实现弯道超车,建立网络空间命运共同体,引领21世纪人类新文明。这是"一带一路"的重要逻辑。

讲好中国故事，是一种艺术。中文是世界上唯一非字母文字，常常使世界看不懂中国但充满好奇。我们面对的不只是西方，而是西化世界——从制度到观念。因此，我们必须懂得西化逻辑，在科学与艺术之间，阐明中国发展之道。为此，我们要阐明中国政府政策主张的文化内涵与历史底蕴，以及与世界的相通性，与时代的契合性，才能让中国故事在世界上入脑、入心。比如，中国不干涉内政政策，源于中国文化尊重差异性、主张多样性，无论是道家的"道法自然"、儒家的"己所不欲，勿施于人"，还是佛家"不作孽"思想中都得以体现。讲清楚中国外交政策的文化内涵，主动性、话语权就有了，人家就不会将"不干涉内政"与"不负责任"画等号。"一带一路"从其名"一""带""路"到其实"互联互通"，既有中国智慧又融通世界智慧。

讲好中国故事，是一种修养。不同于历史上的大国，我们要讲述的是"四特"中国——特长历史、特大规模、特世俗社会、特殊崛起，这易招致对中国崛起的谩骂围攻，考验着我们的智慧与修养。讲好中国故事，不能急吼吼，要注意方式方法。孔子曰："远人不服，则修文德以来之。"今天，仍然是完善自己，说服世界。比如，西方人常常将"一带一路"称之为中国的"马歇尔计划"，甚至一些中国学者也这么说。笔者常常提醒西方人，丝绸之路是德国人李希霍芬对两千年的东西方文化、贸易之路的统称，靠马歇尔计划做参照系未免太狭隘了。讲好"一带一路"故事，要唤醒包括欧洲人在内的各种文明的共同记忆，开创共同复兴的前景，致力于联合国2030年可持续发展议程，这样就名正言顺了。向国际社会讲中国梦也是如此，中国梦不只是中国人追求美好生活的梦想，也是源于中国而属于世界的人类梦想，让我们一起来实现吧。

讲好中国故事，是一种文化自觉。对于我而言，早已成为一种生活方式。不要以为是中国人就懂中国故事，讲中国故事是一个熟悉国情、世情的过程。古人讲知行合一，让讲好中国故事成为行动自觉。从这个意义上讲，每一个中国人都是讲好中国故事的主体，无论身处何地，身在何时，都在不自觉地讲中国故事，以言行或信念。"一带一路"倡议，不是"我"的，而是"我们"的。本书从人类文明史角度讲述了"一带一路"所开创的全球化1.0、2.0、3.0故事。期待每一个沿线国家乃至其他国家人民，都去讲述各自心目中的"一带一路"故事。

讲好中国故事，首先要讲好自己的故事，以亲身经历打动听众的心弦，引发广泛共鸣。第十届全球孔子学院大会，笔者应邀发表演讲——《"一带一路"助推人类文明共同复兴》，就以自己的经历做开场白："20年前我还是复旦大学学生，我的女友，即我现在的夫人（笑，掌声），第一次到我老家去，那是江西的一个小城市。春节前，火车非常拥挤，无法上去，我就把她从窗子推进去，但是进去之后她也没地方待，只好金鸡独立，这就是当时的旅行。后来建了高铁，她才答应我的求婚（笑，掌声）。我知道中国的一些邻国可能还面临着类似的交通问题，现在中国修了这么多高铁，我们也应该帮助邻居实现他们便捷交通、快速回家的梦想（掌声）。"故事一开讲，全场2000多位来自世界134个国家的孔子学院院长和所在学校校长就报以雷鸣般的掌声。在饶有兴味地听完笔者讲述"一带一路"后，将笔者团团围住，探讨如何共同实现欧亚大陆互联互通的百年梦想。正如习近平主席所言："如果将'一带一路'比喻为亚洲腾飞的两只翅膀，那么互联互通就是两只翅膀的血脉经络。"

讲好中国故事，是为了讲好世界故事。讲什么？首先是讲好中国改革的故事，改革是世界潮流。中国故事对世界的启发，体现中国对世界的担当，中国故事折射的时代趋势，是我们首先要讲好的。中国改革，是人类最大的创新。讲好中国故事，是要让世界认识到中国故事给他们带来的机遇，推动世界持久和平、共同繁荣的机会，要体现费孝通先生之"各美其美，美人之美，美美与共，天下大同"的境界。"一带一路"正是融通中国梦与沿线各国梦的媒介。

世界的中国热，从亚投行到"一带一路"，不一而足。中国人，首先应成为讲好中国故事的主体。我们，则是其排头兵。以精彩的方式讲好精彩的故事，以感人的方式讲好感人的故事，以人性的方式讲好人性的故事，乃21世纪人生之大幸。

目 录

前言 走出近代，告别西方 / I

绪论 世界向东，中国向西 / 1

　　一、世界经济中心千年后回归东方 / 3
　　二、西行漫记 2.0 / 10
　　三、"一带一路"的一二三四五六 / 13

第一章 世界是通的 / 19

　　一、起：中国化的全球化 / 20
　　二、通：互联互通 / 24
　　三、达：全球化的中国化 / 37

第二章 "一带一路"的全球化逻辑 / 43

　　一、全球化 1.0：东西互鉴 / 44
　　二、全球化 2.0：西方中心 / 47
　　三、全球化 3.0：包容天下 / 49

第三章 "一带一路"的文明逻辑 / 53

一、文明的复兴 / 54

二、文明的转型 / 57

三、文明的创新 / 61

第四章 "一带一路"的战略逻辑 / 65

一、时间空间并进，陆海内外联动，东西双向开放 / 65

二、你打你的，我打我的 / 68

三、21世纪的"隆中对" / 73

第五章 "一带一路"的经济逻辑 / 79

一、国内一体化 / 80

二、双环流 / 86

三、合作共赢 / 89

第六章 "一带一路"的政治逻辑 / 95

一、弯道超车 / 95

二、变道超车 / 97

三、共同复兴 / 100

第七章 "一带一路"的外交逻辑 / 105

一、共商：利益共同体 / 106

二、共建：责任共同体 / 108

三、共享：命运共同体 / 111

第八章 "一带一路"的认知逻辑 / 113

一、"一带一路"的名与实 / 114

二、十大认知风险 / 117

三、"一带一路"的辩证法 / 121

第九章 "一带一路"的中国智慧 / 129

一、起：战略对接 / 130

二、合：国际产能与装备制造合作 / 133

三、分：开发第三方市场 / 139

第十章 "一带一路"的世界智慧 / 141

一、可分享——共赢主义 / 142

二、可持续——均衡发展 / 146

三、可内化——落地生根 / 149

结语 / 153

附录 个案研究 / 159

一、"一带一路"的合作机制 / 159

二、中欧海上丝绸之路的合作 / 169

三、柬埔寨对"一带一路"的十大担心 / 186

四、如何克服欧洲人对"一带一路"的认知悖论？/ 191

五、中欧合作经营拉美地区第三方市场 / 204

六、英国参与"一带一路"建设的示范作用 / 206

七、"一带一路"孔子学院的故事 / 208

参考文献 / 217

后记 / 223

前言
走出近代，告别西方

评判每一代人时，要看他们是否正视了人类社会最宏大和最重要的问题。

——［美］基辛格《世界秩序》

"古希腊产生了古罗马，古罗马产生了信奉基督教的欧洲，信奉基督教的欧洲产生了文艺复兴，文艺复兴则产生了启蒙运动，启蒙运动产生了政治民主制和工业革命。与民主制杂交的工业进一步孕育了美国，从而体现了生命、自由和追求幸福的权利。"牛津大学教授彼得·弗兰科潘新书《丝绸之路：新的世界史》发现，这种流行说法只是西方获得政治、文化以及伦理道德上胜利的口头禅，并非历史的真相。

"几千年来，正是东西方之间的地区，即把欧洲与太平洋联系在一起的地区，构成地球运转的轴心。"书的前言写道，在这个地区，世界上一个个伟大的宗教诞生了，犹太教、基督教、伊斯兰教、佛教和印度教百花齐放。正是在这个大熔炉里，各个语系相互竞争。在这里，一个个伟大的帝国兴盛和衰亡，文化与竞争对手之间冲突的后果在数千英里以外都被感知。站在这里，可以开辟看待历史的新途径，展现在眼前的是一个深刻的相互连接的世界：一个大陆上所发生的事情曾经影响到另外一个大陆。中亚大草原上所发生的事情的余震可以在北非感觉到；巴格达的局势在斯堪的纳维亚半岛产生反响；美洲新大陆的发现使中国的物价发生变化，导致印度北部马匹市场上需求的激增。这些震动沿着一个网络传播。这个网络向四面八方展开，沿着这些路径，朝圣者和战士、牧民和商人走过。货物和物产得到买卖，思想得到交流、借鉴和提炼。他们所携带的不仅有经济繁荣，而且有死亡和暴力、疾病和灾难。19世纪末，这个庞大的互联网络被一位著名的德国地质学家费迪南·冯·李希霍芬冠以一个名称。这个名称一直延续下来——丝绸之路。

弗兰科潘恍然大悟："不明白为什么，我一直被告知，地中海很重要，是文明的摇篮，而看来十分明显的是，这并不是文明实际上形成的地方。真正的大熔炉，即字面意义上的'地中海'——世界的中心——并不是把欧洲和北非分开的一个海洋，而是亚洲的中心地带。"①

弗兰科潘绝非第一个觉悟的西方人。美国康奈尔大学教授马丁·伯纳尔的《黑色雅典娜》一书就指出，在作为西方文明源头的希腊文明形成期间，非洲文明尤其是埃及文明是其重要源头，言必称希腊的西方文明发展史，实际上是近代以来欧洲学者杜撰出来的"欧洲中心论"神话。英国学者约翰·霍布森在《西方文明的东方起源》一书中，更进一步揭示了"东方化的西方"，即"落后的西方"如何通过"先发地区"的东方，主要是通过伊斯兰世界传播到西方的中华

---

① Peter Frankopan, *The Silk Road: A New History of the World*, Bloomsbury, 2015.

文明，一步步塑造领导世界的能力。更早的欧洲学者，如英国的培根，清晰地描绘了中国古代"四大发明"传到欧洲是如何帮助欧洲文艺复兴和启蒙运动的。

丝绸之路的衰落成就了欧洲大航海时代，深刻影响了人类历史进程。弗兰科潘的丝绸之路历史研究对"西方中心论"的解构预示着，随着丝绸之路的复兴，不仅会改变人类历史的演进方向，而且会改变我们对人类历史的理解。这是笔者研究"'一带一路'逻辑"的初衷。

如今，这个中心地带由于丝绸之路的复兴而变成名副其实的"世界岛"。丝绸之路的学问也变成了世界性学问，而不必在"大分流""李约瑟之问"这些西方命题中纠结。

自从15—16世纪古丝绸之路中断后，欧洲人走向海洋，通过地理大发现殖民世界，开启所谓的全球化。然而，这是真正的全球化吗？这只是欧亚大陆作为人类文明中心地带衰落后，西方文明滥觞于世的托词。全球化的载体是海洋，海洋文明的逻辑成为普世逻辑。

欧亚大陆的振兴寄希望于互联互通。为什么要实现欧亚互联互通？工业革命起源于英国，几百万人口实现工业化，到了欧洲大陆上千万级人口，到了美国上亿级，如今金砖国家几十亿人在实现工业化，而我们还依赖近代以来欧洲人地理大发现所开凿的海峡、运河、航线，显然是小马拉大车；还依赖西方的概念、理论与思维看世界、看自己，显然是思想的侏儒。

在世界经济中心千年后回归东方之际，作为全球化中坚力量的中国，汲取历史的智慧，把脉全球化未来，提出"一带一路"倡议。倡议的提出，表明中国已走出近代、告别西方——不再在追赶西方中迷失自己，而是在走出一条符合自身国情的发展道路之后，鼓励沿线国家走符合自身国情的发展道路，还原世界多样性。如仍然紧盯西方，竞争与风险不断加大。规避风险，引导合作，方向就是"一带一路"沿线国家，那里普遍缺技术、资金、基础设施，甚至还缺熟练工人，而中国有资金、技术，缺乏市场。中国国内产能过剩，而沿线国家正"嗷嗷待哺"。资金上，沿线国家缺贷款，而中国有大量的外汇储备——多达4万亿美元，按经济学家估计，实际上0.6万亿美元就足够了，剩余3.4万亿美元都应转化为投资基金。① 改变购买美国国债、受制于美国货币政策的模式，就是加大对外投资，寻求海外市场。核心技术上，中国与发达国家还有一定差距，但是中国的技术市场化能力是世界最强的。中国人口多、地形复杂，如果能把自己的基础设施建好，就也能把世界其他地方的基础设施建好。中国不仅能够建，而且还能够运行、管理。发达国家可与中国合作开发第三方市场。中国缺乏结构性权力的观念市场。"一带一路"着眼于产品、产业标准，尤其是新基础设施标准，大宗商品定价权，贸易投资规则的制定权，提升中国在新一轮全球化中的制度性话语权。

"一带一路"倡议可谓"源于中国而属于世界"。"国际经济体系已经全球化，而世界政治结构还是以民族国家为基础。"这是全球治理的软肋。基辛格博士在《世界秩序》

---

① 厉以宁、林毅夫、郑永年等《读懂"一带一路"》，中信出版集团，2015年，第133页。

一书中写道："评判每一代人时,要看他们是否正视了人类社会最宏大和最重要的问题。""一带一路"能否成功,就看它能否解决人类社会最宏大和最重要的问题。"一带一路"就是在解决中国问题的同时解决世界问题,在解决世界问题的同时解决中国问题。

从人类文明史和全球化史看,"一带一路"倡议完全可成为国际秩序新理念的实验场。当今世界,正在形成三种秩序：

一是文明秩序,以"文明国"为基本单元。"一带一路"将人类四大文明——埃及文明、巴比伦文明、印度文明、中华文明,串在一起,通过由铁路、公路、航空、航海、油气管道、输电线路和通信网络组成的综合性立体互联互通,推动内陆文明、大河文明的复兴,推动发展中国家脱贫致富,推动新兴国家持续成功崛起。一句话,以文明复兴的逻辑超越了现代化的竞争逻辑,为21世纪国际政治定调,为中国梦正名。"一带一路"所开创的各种文明共同复兴的秩序可称之为"文明秩序"。

二是国际秩序,以民族国家为基本单元。近代威斯特伐利亚体系开创以民族国家为基本单元、以主权平等为核心价值的国际体系,随着西方中心论的建立而演变为西方的国际秩序,全球化是其典型说法。直到"二战"后建立名义上以联合国为核心、实质以美国领导的国际秩序,虽经苏联为首的社会主义阵营挑战而未解体,维系至今。经济基础决定上层建筑。今天,非西方的产出已超过西方,但非西方国家的国际话语权与政治权力仍然从属于西方。"一带一路"着眼于发达—发展中国家的共同现代化[①]，实现南北、南南平衡发展，推动国际秩序朝向更加公正、合理、可持续的方向发展。

三是公民秩序，以公民而非国家为基本单元。《世界秩序》一书写道："任何一种世界秩序体系若要持久，必须被视为是正义的，不仅被各国领导人所接受，也被各国公民所接受。"（XVII页）当今世界，权力不仅在东移也在下移，各国都面临着社会化公民运动的内部压力，推动建立全球层面的公民秩序。"一带一路"以政策沟通、设施联通、贸易畅通、资金融通、民心相通等"五通"消除贫富差距、以创新、协调、绿色、开放、共享等"五大发展理念"实现社会公平正义，打造包容性全球化。

文明秩序、国际秩序、公民秩序的三位一体，就是命运共同体，体现世界各种文明、国家、公民"寓命于运"及"寓运于命"的有机统一。文明的回归而非现代化，乃人类社会的归宿。唯如此，才体现世界多样性。

一句话，"一带一路"倡议着眼于沿线国家共同现代化、文明共同复兴及包容性全球化三大使命，着眼于打造文明秩序、国际秩序、公民秩序三位一体的命运共同体，让中国站在人类道义制高点。

[①] 柯银斌《"一带一路"的本质是"共同现代化"》，载《"一带一路"年度报告：从愿景到行动（2016）》，商务印书馆，2016年，第60—71页。

绪　论
世界向东，中国向西

东方，物所始生，西方，物之成孰。夫作事者必于东南，收功实者常于西北。

——《史记·六国年表》

　　"世界是平的"被称作全球化时代的典型写照。可是，扁平的世界却以商品、劳动力、技术、资金自由流通名义悄然完成社会分层，导致贫富分化，使得《21世纪资本论》成为继《世界是平的》之后研究全球化又一流行著作。

　　这就提示我们，世界并非"平的"那么简单。我们生活在分割的地球村：内陆与海洋、发达国家与发展中国家、核心与边缘……应了那句中国古话：咫尺天涯。

　　从卫星上看夜晚的地球，发现我们并非生活在全球化的地球村：只有日本、北美和欧洲发达国家沿海地区灯火辉煌，说明这些地方实现了现代化；而在世界的其他地方基本看不到灯光，依然生活在"贫困的黑暗"之中。

　　如何让黑暗的地方灯亮起来？如何让占世界人口80%的发展中国家振兴？如何帮助内陆地区寻找海洋，帮助南方国家实现工业化，助推人类文明共同复兴？这是全球化时代的重大课题。

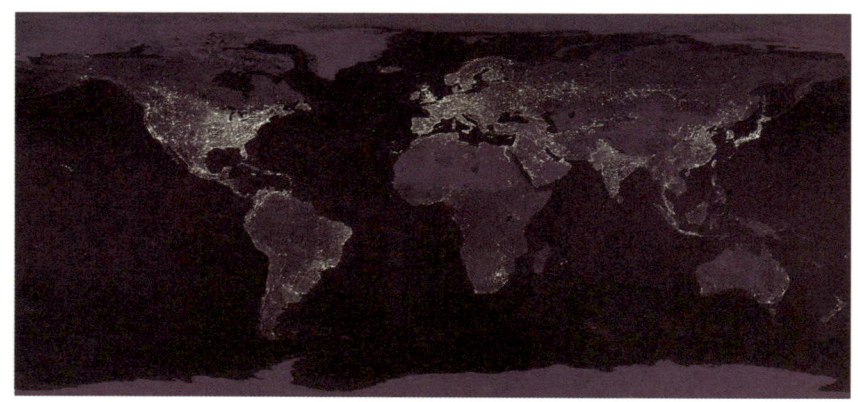

世界夜晚灯光图[1]

令人忧虑的是,近代以来西方中心的全球化局面,今天不仅没有改变,一些领域反而有所强化。世界互联网分布图更突显了美国优势地位的增强,因为技术创新让强者更强,弱者更弱。

世界海底光缆分布[2]

由上图可以看出,世界海底光缆集中在跨大西洋两岸,

---

[1] NASA 公布的地球夜间灯光分布图(高清组图),中国新闻网 2012-12-06。http://gb.cri.cn/27824/ 2012/12/06/782s3950184.htm#none。

[2] http://submarine-cable-map-2013.telegeography.com/。

广大发展中国家要通过美欧而连接在一起。麦肯锡全球研究院（McKinsey Global Institute）2016年2月发布的报告《数字全球化：一个全球流动的新时代》指出，数据流动产生了比全球货物贸易更多的价值。[①] 尽管光纤电缆覆盖了世界大部分地区，但却没有一条光缆直接连接亚洲与南美洲。拉丁美洲国家和中国的互联网通信需要途经北美洲。而如今南南经济交流胜过南北经济交流，这种状况亟待改变。

更一般地说，技术与信息的非对称性及其让强者更强、弱者更弱的设计，形成巨大的信息壁垒和数字鸿沟，这是导致当今世界贫富差距、冲突不断的重要根源。

是该改变历史演变逻辑的时候了。

一、世界经济中心千年后回归东方

人类历史上，存在"治—乱"之周期律：帝国、霸权带来了治，也带来了乱。

当今世界不仅不是平的，还乱象丛生。乱之源，尤以贫困与贫富差距为甚。俗话说，盗贼出于贫穷。一国的贫困问题可能引发国际混乱，贫富差距引发并助长了这种混乱。扶贫发展机构乐施会2016年1月18日报告显示，全球仅62名富豪拥有的财富就与占全球人口一半的最贫穷人口拥有

---

① McKinsey Global Institute (MGI) report, *Digital Globalization: The New Era of Global flows*, Feburary, 2016. http://www.mckinsey.com/business-functions/mckinsey-digital/our-insights/digital-globalization-the-new-era-of-global-flows.

的财富相当，而世界最富有的1%人口拥有的财富多于其余99%人口拥有的财富总和。世界贫富悬殊的鸿沟不仅越来越大，而且富人变得更富的速度也更快了。① 于是，动乱不只是发生在欠发达国家，也在发达国家内部滋生和蔓延：难民危机、恐怖袭击、极端思潮……

而这，恰恰与丝绸之路的命运密切相关。

东西方两大文明经过历史上的丝绸之路联系在一起，15世纪奥斯曼土耳其帝国的崛起切断了两千年的古丝绸之路（史称"奥斯曼之墙"），欧洲人被迫走向海洋，以殖民化方式开启全球化，导致丝绸之路衰落，东方文明走向封闭保守，进入所谓的近代西方中心世界。

千百年来，欧洲人从丝绸之路上获得来自东方的香料、瓷器、茶叶等。中国的"四大发明"也经阿拉伯传到欧洲，开启了欧洲的文艺复兴。丝绸之路的中断，对欧洲也带来深刻影响，尤其是，寻找来自印度的黄金、香料，成为欧洲人走向海洋的重要动机，这就是哥伦布发现新大陆——美洲，将当地人称为"印第安人"的原因，哥伦布以为到了盛产黄金、香料的印度呢。

---

① *Our Struggles for a Better World Are All Threatened by the Inequality Crisis*, Jan. 20, 2016. http://www.huffingtonpost.com/winnie-byanyima/our-struggles-for-a-bette_b_9026582.html.

丝绸之路的衰落是欧洲地理大发现的肇因①

　　欧洲中心世界与海洋崛起为全球化的主要载体密不可分。地球71%的面积被海洋覆盖，90%的贸易通过海洋进行。时至今日，按照世界银行统计，全球产出的八成来自于沿海一百公里地带。这就是近代世界的景象：边缘型国家的崛起与文明中心地带的塌陷，从葡萄牙、西班牙、荷兰、英国到美国，大国因海洋而崛起，文明因大陆而衰落。②

　　自此，世界陷入"治—乱"周期律，地缘政治与权力游戏大行其道。"世界体系""依附论"揭示了全球化边缘国家无法摆脱落后、动荡的根源。

　　"穷则变，变则通，通则久。"如何解决世界贫困问题，消除贫富差距？如何由"变"到"通"？历史经验告诉我们，

---

① Jerry Brotton, *A History of the World in Twelve Maps*, Penguin Books, 2012.
② 参见王义桅《海殇？——欧洲文明启示录》，上海人民出版社，2013年。

摆脱世界治—乱周期律,就是要恢复世界的多样性,平衡大陆与海洋、东方与西方、南方与北方的关系,实现世界的互联互通。

自古丝绸之路衰落后,重振丝绸之路成为丝绸之路沿线许多国家的共同梦想。推动欧亚大陆回归人类文明中心,成为欧亚大陆百年互联互通梦想的主旋律。联合国计划开发署(UNDP)是其先行者,提出欧洲与亚洲两侧海上运输线联结起来的便捷运输铁路——欧亚大陆桥(亚欧大陆桥)规划。

欧亚互联互通的百年梦想——亚欧大陆桥[①]

然而,各种版本的欧亚大陆互联互通梦,终究是梦。历史的重任落在了 21 世纪的中国身上。

自古以来,欧亚大陆是世界政治的中心舞台;欧亚大陆的命运见证了人类命运。英国地缘政治学家麦金德因此称欧亚大陆为"世界岛"。"谁统治东欧,谁就能主宰心脏地带;

---

① 参见[美]拉鲁什、琼斯《从丝绸之路到世界大陆桥》,江苏人民出版社,2015年,第 4 页。

谁统治心脏地带，谁就能主宰世界岛；谁统治世界岛，谁就能主宰全世界。"麦金德称，"由哥伦布一代的伟大航海家们开始的变革，赋予基督教世界以最广大的除飞翔以外的活动能力。……主要的政治效果是把欧洲和亚洲的关系颠倒过来。"①

麦金德的世界岛理论②

的确，在15、16世纪的地理大发现之前，世界的中心是欧亚大陆，即从西班牙海岸延伸到中国海岸的一整块大陆，当时的主要商道就是丝绸之路。而欧洲特别是英国显然处于世界的边缘地带。1453年奥斯曼土耳其帝国占领君士坦丁堡，连接东西方的丝绸之路被拦腰切断，为了寻找新的通往东方财富之路，于是就有了地理大发现。地理大发现开创了海权时代，因为一个简单的地理事实是，相互连接的海洋形成一体，正是它证明了在全球范围内现代世界里海权的价值。同时地

---

① ［英］哈·麦金德《历史的地理枢纽》，商务印书馆，2015年，引言、第15页、第64—65页。
② 图片来源：［英］哈·麦金德《历史的地理枢纽》，商务印书馆，2015年，第68页。

理大发现开创了以西方为中心的全球化时代,西方不再是远离大陆的边缘,而是成为整个世界的中心,在过去500年时间里,前400年是欧洲,其后是美国在主导着全球化的进程,这是全球化的政治核心。但是,"进入21世纪显然美式全球化体系正在趋于瓦解和崩塌,而中国不仅是过去30年里全球化的最大赢家,并且正在成为21世纪全球化的主要引领者,世界体系的陀螺仪正在转向中国"。①

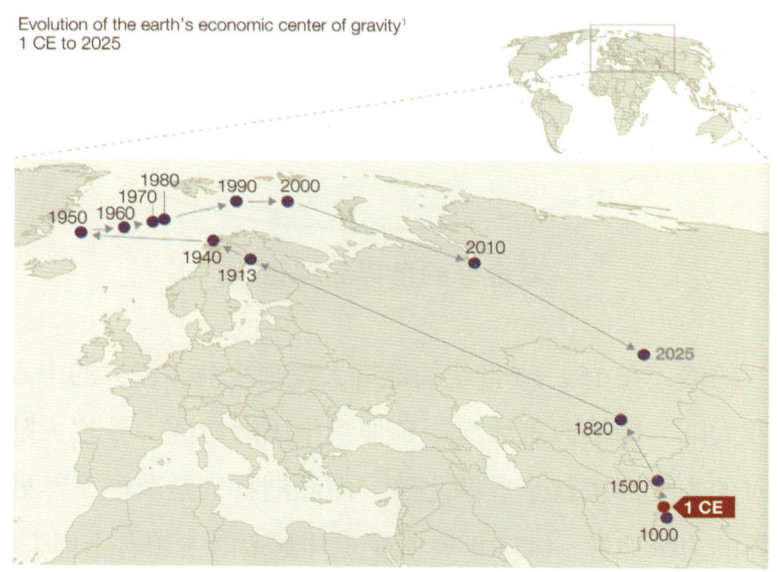

世界经济长周期②

---

① 鲍盛钢《第二次地理大发现》,《联合早报》,2015年5月5日。当然,在欧洲人征服美洲甚至南亚的时候,迟至18世纪后期,欧洲人对同为世界主体板块的以中国为中心的东亚、以奥斯曼土耳其帝国为中心的伊斯兰世界,都还没有建立起优势地位。欧洲的世界性优势,最多也只有两百多年的历史,但往往被说成是五百年。——作者注。
② 《华盛顿邮报》,2015年6月3日。

人类历史的分水岭即将来临。麦肯锡公司的世界经济长周期预测，"世界经济中心千年后回归东方"。

该模型指出，宋朝以后，世界经济中心从中国移至欧洲，后来又移到美国，2025年回归中国，可谓世界归位。世界经济中心东移最快的时期就是刚刚过去的2000—2010年。人类在2000—2025年迈出了过去近一个世纪（1820—1913）的步伐。

经济基础决定上层建筑。世界经济重心东移，国际政治格局也在东移，西方中心的世界逐渐淡出，正在还原世界的多样性。

顺应人类文明演绎律及世界经济长周期，推动全球再平衡，中国提出"一带一路"倡议。"一带一路"为消除世界治—乱周期律，实现共同发展，指明了方向，带来了希望。

"一带一路"通过鼓励向西开放，带动西部开发以及中亚、蒙古等内陆地区和国家的开发，在国际社会推行全球化的包容性发展理念；改变了历史上中亚等丝绸之路沿途地带只是作为东西方贸易、文化交流的过道而成为发展"洼地"的面貌，将欧亚大陆桥的内涵升级为互联互通，并延伸到非洲等地，实现时空超越。习近平主席2013年9月13日在上海合作组织比什凯克峰会上讲话提出，"通畅从波罗的海到太平洋，从中亚到印度洋和波斯湾的交通运输走廊"。

"一带一路"倡议的提出，改变了中国改革开放着眼于东南沿海地带、首要向美国开放的逻辑，向西迈进，围绕欧亚大陆同时走向腹地和海洋。更重要的是，"一带一路"旨在扭转不公正、不可持续的全球化趋势，助推世界走出"治—

乱"周期律。

在中国共产党带领中国人民开创35年改革开放奇迹后，红星照耀中国，也照耀世界。"丝绸之路之所以改变了历史，很大程度上是因为在丝绸之路上穿行的人们把他们各自的文化像其带往远方的异国香料种子一样沿路撒播。"① 作为丝绸之路的复兴，"一带一路"也就可称为新的长征，是中国在沿线国家的宣言书、宣传队、播种机，将拓展与深化中国与有关国家的合作与友谊，极大提升中国制造、中国营造、中国规划的能力与信誉，提升中国威望。就其地缘经济与战略效应而言，堪称"第二次地理大发现"，正在重塑人类文明史与全球化话语权，体现中国崛起后的天下担当。

二、西行漫记 2.0

"东方，物所始生，西方，物之成孰。夫作事者必于东南，收功实者常于西北。"《史记·六国年表》这句话，虽然不能直接套用于今天，但喻义颇多：改革开放主要向西方国家开放，尤其自东南方向向美国开放，但随着美国重返亚太，传统开放模式考验重重，开放重点从东南沿海转至西北内陆省份，乃至于欧亚大陆的西北，这就是古丝绸之路的终点站——欧洲。

中国与欧洲，是欧亚大陆这一条绳子上拴着的两只蚂蚱。连接欧亚大陆东西端的在古代是丝绸之路，今天就是"一

---

① ［美］芮乐伟·韩森《丝绸之路新史》，张湛译，北京联合出版公司，2015年，第207页。

带一路"。

"在当今这个互联互通的世界，欧洲和亚洲之间的人为划分是难以为继的。……欧洲只有一条摆脱地缘政治陷阱的途径：它也必须拥抱欧亚的天命。"①葡萄牙欧洲事务国务秘书布鲁诺·马萨斯的看法，代表了欧洲精英对"一带一路"所开创的欧洲振兴时代的欢迎。

三大原因，使中国改革开放收功于西北——"一带一路"，与西方关系收功于西北——欧洲。

一是深厚的历史基础，提升中欧文明伙伴：丝绸之路的复兴，昭示出中欧文化、商业交流远溯至两千多年前。从汉帝国到罗马帝国，中欧所代表的东西方文明交流与合作具有深厚的历史基础。18世纪法国等欧洲国家的中国热，近代中国先贤赴欧求知，更使得欧洲成为与中国感情最密切的洲。中欧间没有悬而未决的历史遗留问题，意识形态在现实利益突显的今天日益淡化，这与中日、中美关系形成鲜明对照。

二是强烈的现实需求，催生中欧增长与改革伙伴：全球金融危机爆发后，中欧均面临着推动经济增长和就业、改革发展模式与治理体系的繁重任务。与此同时，中欧各自也面临着全面深化改革、欧元区改革的艰巨挑战。为引导合作，规避竞争，中欧相互借力以完成自身改革，借鉴对方改革经验，探寻出产能合作新模式，引领其他大国关系的时代发展趋势。随着中欧投资协定谈判的深入，将中国的"一带一路"

---

① 《我们都是"欧亚人"》，《金融时报》中文网，2015年11月27日。

倡议与欧盟的"容克计划"对接，必将奏出中欧务实合作的最强音。欧洲先进的技术、中国成熟的市场化经验，使得处于再工业化、后工业化阶段的欧洲，与处于快速工业化的中国，构成国际产能合作的天然伙伴关系，去共同开拓非洲、拉美第三方市场，开创南北、南南合作新模式。

三是共同的未来期盼，引领中欧和平伙伴：中欧占据联合国五大常任理事国的三个席位，对世界的持久和平与共同繁荣肩负特殊使命。中欧达成气候减排协议，为确保2015年底巴黎联合国气候变化大会的成功，奠定了基础。世界与地区和平与安全挑战，期盼"中欧方案"。中欧人民对美好生活与和平安宁的向往，引领了中欧和平伙伴关系的发展。

一句话，历史、现实、未来的三位一体，推动中欧和平、增长、改革、文明四大伙伴关系迎来史上最紧密合作的时期，也使得欧洲成为西方发展对华关系的引领者，这是中国对西方外交收功于欧洲的应有逻辑。

在中国与欧洲之间，是俄罗斯、中亚、西亚、中东，组成了"一带一路"六大经济走廊。从世界地图看，"一带一路"东边牵着亚太经济圈，西边系着欧洲经济圈，被认为是"世界上最长、最具有发展潜力的经济大走廊"。

作为21世纪的长征，"一带一路"倡议是在至少65个国家实现联合国2030年可持续发展议程的宣言书，宣扬中国和平发展理念的宣传队，以合作共赢为核心的新型国际关系的播种机，突显中国模式的吸引力、辐射力。

三、"一带一路"的一二三四五六

什么是"一带一路"？①

总体而言，"一带一路"是中国全方位改革开放的格局和周边外交的战略框架。

从开放的内涵上来讲："引进来"转向"走出去"。引进来和走出去更好结合，培育参与和引领国际经济合作竞争新优势，以开放促改革。

从开放的广度上来讲：为发展中国西部地区，实施向西、向南开放的战略，形成全方位开放新格局。

从开放的深度上来讲：顺应世界区域经济一体化发展趋势，以周边为基础加快实施自由贸易区战略，实现商品、资本和劳动力的自由流动，加速节点国家与地区的FTA、投资协定的谈判等，着眼于国际规则的制定。

具体而言，"一带一路"首先是一个欧亚地区交通网络：由铁路、公路、航空、航海、油气管道、输电线路和通信网络组成的综合性立体互联互通的交通网络。沿这些交通线路将会逐渐形成为这些网络服务的相关产业集群，由此通过产业集聚和辐射效应形成建筑、冶金、能源、金融、通信、物流、旅游等行业综合发展的经济走廊。这个交通网络将把作为世界经济引擎的亚太地区与世界最大经济体欧盟联系起来——世界最长经济走廊，给欧亚大陆带来新

---

① 有关"一带一路"倡议的前期分析，请参见拙著《"一带一路"：机遇与挑战》，人民出版社，2015年。

的空间和机会，并形成东亚、西亚和南亚经济辐射区。推进贸易投资便利化，深化经济技术合作，建立自由贸易区，最终形成欧亚大市场，是两条丝绸之路建设的基本方向和目标。对域内贸易和生产要素进行优化配置，促进区域经济一体化，实现区域经济和社会同步发展，是"一带一路"建设的重要任务。亚欧大陆自贸区或欧亚大市场的形成，将对当前世界经济版图产生重要影响，促进新的全球政治经济秩序的形成。

丝绸之路经济带是在"古丝绸之路"概念基础上形成的一个新的经济发展区域。丝绸之路经济带首先是一个"经济带"概念，体现的是经济带上各城市集中协调发展的思路。丝绸之路沿线大部分国家处在两个引擎之间的"塌陷地带"，整个区域存在"两边高，中间低"的现象，发展经济与追求美好生活是本地区国家与民众的普遍诉求。这方面的需求与两大经济引擎通联的需求叠加在一起，共同构筑了丝绸之路经济带的国际战略基础。

"丝绸之路经济带"分为三条线路：即以亚欧大陆桥为主的北线（北京—俄罗斯—德国—北欧）、以石油天然气管道为主的中线（北京—西安—乌鲁木齐—阿富汗—哈萨克斯坦—匈牙利—巴黎）、以跨国公路为主的南线（北京—南疆—巴基斯坦—伊朗—伊拉克—土耳其—意大利—西班牙）。丝绸之路经济带重点畅通中国经中亚、俄罗斯至欧洲（波罗的海）；中国经中亚、西亚至波斯湾、地中海；中国至东南亚、南亚、印度洋。看得出来，都是在帮助内陆地区寻找出海口，打通内陆与海洋。中巴、孟中印缅、新亚欧大陆桥以及中蒙俄等经济走廊基本构成丝绸之路经济带的陆地骨架。其中，中巴经济走廊注重石油运输，孟中印缅经济走廊强调与东盟贸易往来，新亚欧大陆桥是中国直通欧洲的物流主通道，中蒙俄经济走廊偏重国家安全与能源开发。

而"21世纪海上丝绸之路"则以泉州等地为起点，横跨太平洋、印度洋，历经南海、马六甲海峡、孟加拉湾、阿拉伯海、亚丁湾、波斯湾，涉及东盟、南亚、西亚、东北非等相关国家，重点方向是从中国沿海港口过南海到印度洋，延伸至欧洲；从中国沿海港口过南海到南太平洋。

归纳一下，到底什么是"一带一路"呢？笔者尝试用一二三四五六来概括：

"一"是一个概念："一带一路"。

"二"是两只翅膀：一个是陆上，一个是海上，即丝绸之路经济带、21世纪海上丝绸之路。

"三"是三个原则：共商（集思广益——利益共同体）、共建（群策群力——责任共同体）、共享（人民受惠——命运共同体）。

"四"是四个关键词：宏观层面——互联互通、战略对接、产能合作、开发第三方市场；操作层面——企业主体、市场运作、政府服务、国际标准。

"五"是五个方向："五通"——政策、设施、贸易、资金、民心相通。

"六"是六大领域：六大经济走廊，如表1所示。

表 1 六大经济走廊

1. 新欧亚大陆桥	江苏和山东沿海—哈萨克斯坦、俄罗斯、白俄罗斯—地中海	国内城市	连云港、青岛、日照、徐州、郑州、洛阳、西安、兰州、乌鲁木齐
		境外资源	里海盆地、南图尔概盆地油气田、图尔盖洼地铁矿带、楚河—萨雷苏河铀矿区
		国内重点园区	霍尔果斯经济开发区、哈萨克斯坦阿斯塔纳—新城经济特区
2. 中蒙俄经济走廊	天津、大连经二连浩特、满洲里、绥芬河经蒙古、俄罗斯抵达波罗的海	国内城市	北京、天津、大连、沈阳、长春、哈尔滨
		境外资源	西西伯利亚油气田、蒙古戈壁煤矿铜矿、蒙古乔巴山铀铅锌矿、俄罗斯远东金铁多金属成矿区
		国内重点园区	满洲里、二连浩特和绥芬河（东宁）、吉林延吉（长白）重点开发实验区
3. 中国—中亚—西亚经济走廊	乌鲁木齐，经哈萨克斯坦、吉尔吉斯斯坦、塔吉克斯坦、乌兹别克斯坦、土库曼斯坦、伊朗、土耳其，抵达波斯湾、地中海和阿拉伯半岛	国内城市	西宁、银川、喀什、乌鲁木齐
		境外资源	卡拉库姆、费尔干纳、中里海、北乌斯秋尔特、南北阿扎德甘、雅达瓦兰、南北帕斯油气区、楚伊犁、境外天山金属矿带、高尔达克海盆地大型钾盐矿
		国内重点园区	喀什经济开发区、二连浩特和绥芬河（东宁）、吉林延吉（长白）重点开发实验区
		境外重点园区	哈萨克斯坦阿拉木图信息科技园、吉尔吉斯斯坦比什凯克、塔吉克斯坦所哥特自由经济区、乌兹别克斯坦吉扎克特区、鹏盛工业园

（续表）

4. 中国—中南半岛经济走廊	昆明和南宁，分别经老挝、越南、柬埔寨，联通泰国、马来西亚，抵达新加坡	国内城市	昆明、南宁、贵阳、重庆、成都，向东至广州、深圳
		境外资源	马来盆地、泰国盆地油气区、越北断块—长山有色金属成矿带、红远—上传龙铝土矿产带
		国内重点园区	广西东兴、凭祥和云南勐腊重点开发开放区，中新（广州）知识城，中码钦州产业园
		境外重点园区	老挝赛色塔综合开发区、马中关丹产业园区、印尼—中国综合园区、新加坡裕廊工业园区
5. 中巴经济走廊	新疆喀什经红其拉甫山口、伊斯兰堡、瓜达尔港	国内城市	西宁、银川、乌鲁木齐、喀什
		巴基斯坦园区	卡拉奇出口加工区（信德省） Risalpur 出口加工区（沙浦） Sialkot 出口加工区（旁遮普省） Gujranwala 出口加工区（旁遮普省） Khairpur 经济特区（信德省）
6. 海上丝绸之路	六个布点，连线，输出，吸纳，结对，搭台。地方抓手	线路(1)	沿海港口(福建)过南海、马六甲海峡，到印度洋，延伸至欧洲
		线路(2)	沿海港口、过南海、经印尼抵达南太平洋
		线路(3)	远期考虑北冰洋方向
		海上战略支点	西哈努克港、雅加达港、比通港、新加坡港、皎漂港、瓜达尔港、关丹港、吉大港、塞拉莱港、索纳迪亚港、汉班托塔港、科伦坡港、亚丁港、赛得港

绪论　世界向东，中国向西

为扎实推进这六大经济走廊建设,《国民经济和社会发展第十三个五年规划纲要》(以下简称《"十三五"规划纲要》)提出,推进与周边国家基础设施互联互通,共同构建连接亚洲各次区域以及亚欧非之间的基础设施网络。加强能源资源和产业链合作,提高就地加工转化率。支持中欧等国际集装箱运输和邮政班列发展。建设上合组织国际物流园和中哈物流合作基地。积极推进"21世纪海上丝绸之路"战略支点建设,参与沿线重要港口建设与经营,推动共建临港产业集聚区,畅通海上贸易通道。推进公铁水及航空多式联运,构建国际物流大通道,加强重要通道、口岸基础设施建设。

第一章
世界是通的

通，达也。

——东汉·许慎《说文解字》

中国并非古丝绸之路复兴的首创者。此前已有联合国教科文组织和开发计划署的"丝绸之路复兴"计划、日本的"丝绸之路外交"战略、美国的"新丝绸之路"计划、俄罗斯的"新丝绸之路"、伊朗的"铁路丝绸之路"、哈萨克斯坦的"新丝绸之路"项目等等。

中国最晚提出丝绸之路复兴计划，为何能够超越其他？从古代讲，因为两千多年前秦始皇就实现了"书同文，车同轨"；从现代讲，因为中国建立起了世界上门类最全的独立、完整的国防-工业体系；从当代讲，因为中国特色社会主义制度优越性，国内互联互通基本完成，这是通达天下的基础。经过改革开放三十多年积累的资本、技术与人才优势，结合基础设施建设经验，完全可以通过全球互联互通倡议，从"中国化的全球化"迈入"全球化的中国化"。

一、起：中国化的全球化

古代海陆丝绸之路曾是中国联系东西方的"国道"，是中国、印度、希腊三种主要文化交汇的桥梁；今天，丝绸之路重焕活力，成为新形势下中国对外开放的重要战略布局。2015年中国与"一带一路"沿线国家的贸易额超过1万亿美元，占中国外贸总额的1/4，过去10年中国与沿线国家的贸易额年均增长为19%，较同期中国外贸额的年均增速高出4个百分点。今后还有更大增长空间。按照"十三五"规划，未来五年，中国将进口10万亿美元的商品，对外投资超过5000亿美元，出境游客约5亿人次，中国的周边国家以及丝绸之路沿线国家将率先受益。

"一带一路"超越了鼓励中国公司"走出去"战略，而是让中国的地方"走出去"，建立中国与世界深入而全面互动的新途径，具有更大的未来担当。"一带一路"战略所构建的"全方位开放体系"，推行"全方位、多层次、宽领域"新一轮对外开放，在如下四个方面实现"升级，彰显全球化的中国化"：

一是开放主体。建设"一带一路"，要全面调动沿线和地方的积极性，尤其是调动中西部欠开放、欠发达地区的积极性，将其生产优势与东部和丝绸之路沿线国家的市场需求结合起来。同时，"一带一路"没有对参与成员的"身份"进行限制，对沿线国家和以其他形式参与进来的国家和实体也具有开放性，提倡多样化经营，倡导政府、企业、民间的多层面交往。

二是开放对象。"一带一路"要求确立面向更广阔的国内、国际市场的开放政策。"一带一路"发端于中国,是世界上跨度最长的经济大走廊。建设"一带一路",首先要扩大"对内开放",即沿线各省要积极投入、搞好自身经济建设,将辖区内的建设项目落到实处,实现与国内其他地区的相互联通。建设"一带一路",也要扩大"对外开放",即面向数量更多、多样化程度更高的国家实施开放政策。中国推进"一带一路"建设不针对、不排斥任何国家,合作伙伴的选择空间可谓空前广泛。"一带一路"贯通中亚、东南亚、南亚、西亚乃至欧洲部分区域,东牵亚太经济圈,西系欧洲经济圈,本身就跨越了传统的地缘区域界限,所经国家和地区发展水平参差不齐,在民族、宗教、发展历史、文化背景等方面存在着巨大差异;中国政府更是表示,除了沿线国家,世界各个国家和国际、地区组织的建设性参与都将受到欢迎。

三是互动形式。开放是为了更好地实现双边或多边的经济互动。从贸易来看,"一带一路"将重点支持中国与沿线国家相联结的交通、通信等基础设施建设,提高沿线地区物流效率,便利双向或多边的贸易往来;通过提高沿线地区人们的消费水平,也能够挖掘出更大的消费市场,形成可持续的贸易往来模式。从投资来看,"一带一路"将帮助我国的制造业提升在全球价值链分工中的地位。持续助力中国企业"走出去",努力形成与"引进来"相当的双向互动,是"一带一路"开放的重要内涵。

四是开放心态。中国通过建设"一带一路",倡导进行更具包容性的对外开放,开展更具包容性的务实合作,引领国际合作新风尚。以往发动如此大规模的经济带建设，主导国家往往选择以单向输出为主的方式来确保自身利益无虞。在"一带一路"建设过程中，中国将贯彻不干涉别国内政原则，不走容易引发矛盾冲突的老路，做到与邻为善、美美与共，谋求共同发展。"一带一路"强调中国不搞单边主义，不把自己的意志强加于人；"一带一路"欢迎沿线国家直陈自身发展优势和需要，支持沿线国家自主创新能力的提高和国家间以坦诚沟通达成高效合作。尽管倡议是由中国提起的，但"一带一路"建设当中，中国仍可以"不当头"，以沿线国家的平等协商来确保相关项目的合理性和可行性。

从"睁眼看世界"一直到改革开放，中国都希望融进所谓的世界主流。现在，中国已经是世界的中心之一了，世界主流却不愿让中国再接轨。故而，中国现在要重新走进世界，解决中国缺乏结构性权力的难题。在国际上，中国最缺的结构性权力是话语权。一是中国没有大宗商品定价权。中国买什么，什么就涨价。中国购买澳大利亚80%的铁矿石，但是它的价格涨多少倍，中国没有话语权。二是中国不能决定产品的质量标准。低碳、欧Ⅲ、欧Ⅳ的排放标准都不在中国手里。我们生产的东西，最后不符合它的标准，就得重新改造，这会造成巨大的浪费。三是中国缺乏贸易投资规则的制定权。中国是世界上第一大贸易国家，国际贸易规则制定权竟然不在我们手里！中国只有占领更大的市场，自己的标准才会成为世界的标准。所以，中国要把数量的优势变成质量的优势，变成结构性的权力。一方面要跟欧洲、美国、日本等先进国家竞争，搞"中国制造2025"，弯道超车；另外一方面要搞互补合作，着眼于更需要中国资金、技术的"一带一路"沿线国家，变道超车。中国不是被动地加入全球化，而是主动推动全球化朝向更加包容的方向发展。

为更好把握中国开放发展的新态势，中央全面深化改革领导小组第十八次会议强调，加快实施自由贸易区战略，综合运用国内国际两个市场、两种资源，坚持与推进共建"一带一路"和国家对外战略紧密衔接，逐步构筑起立足周边、辐射"一带一路"、面向全球的高标准自由贸易区网络。

"一带一路"倡议可谓中国开放发展的神来之笔，将两千多年来东西方贸易、文化交流之路激活，鼓励共同现代化与文明复兴，引发国际社会广泛回应。推进"一带一路"建设秉承亲诚惠容理念，坚持共商共建共享原则，完善双边和多边合作机制，以企业为主体，实行市场化运作，推进同有关国家和地区多领域互利共赢的务实合作，打造陆海内外联动、东西双向开放的全面开放新格局。推进基础设施互联互通和国际大通道建设，共同建设国际经济合作走廊。加强能源资源合作，提高就地加工转化率。共建境外产业集聚区，推动建立当地产业体系，广泛开展教育、科技、文化、旅游、卫生、环保等领域合作，造福当地民众。加强同国际金融机构合作，参与亚洲基础设施投资银行、金砖国家新开发银行建设，发挥丝路基金作用，吸引国际资金共建开放多元共赢的金融合作平台。

以"一带一路"倡议为标志，中国的开放发展逻辑在升级：以改革促开放，以开放促改革，到改革开放均有自己的逻辑。改革是治理能力与治理体系现代化，提升制度比较优势；开放是赢得市场，提升话语权。开放发展是中华民族兼收并蓄、融会贯通传统的时代继续。向人类一切优秀文明成果学习，包容互鉴，实现中华民族永续发展，是中国通过开放发展永葆生机与活力的秘诀。从我向世界开放，到世界向我开放，从东学西渐到西学东渐，如今是东西互鉴、南北包容，中国的开放观在不断升级；从发展为了振兴中华、伟大复兴，到发展自己也是发展世界，为国际社会提供更多、更好的公共产品，体现中国的大国责任，中国的发展观也在升级换代。

二、通：互联互通

如果用一个词来概括，"一带一路"就是互联互通。习近平主席指出，"我们要建设的互联互通，不仅是修路架桥，不光是平面化和单线条的联通，而更应该是基础设施、制度规章、人员交流三位一体，应该是政策沟通、设施联通、贸易畅通、资金融通、民心相通五大领域齐头并进。这是全方位、立体化、网络状的大联通，是生机勃勃、群策群力的开放系统"。①

政策沟通，就是通过加强友好对话与磋商，各国可以共商经济发展战略和对策，求同存异，消除政策壁垒和其他人为合作屏障，协商制定推进区域合作的规划和措施，以政策、法律和国际协议为沿线经济融合保驾护航。为此，加强政府

---

① 习近平在"加强互联互通伙伴关系"东道主伙伴对话会上的讲话，2014年11月8日。

间合作，积极构建多层次政府间宏观政策沟通交流机制，深化利益融合，促进政治互信，达成合作新共识，是"一带一路"建设的重要保障。

设施联通主要包括四大类：一是交通基础设施，尤其是关键通道、关键节点和重点工程，优先打通缺失路段，畅通瓶颈路段，配套完善道路安全防护设施和交通管理设施设备，提升道路通达水平。推进建立统一的全程运输协调机制，促进国际通关、换装、多式联运有机衔接，逐步形成兼容规范的运输规则，实现国际运输便利化。二是口岸基础设施，畅通陆水联运通道，推进港口合作建设，增加海上航线和班次，加强海上物流信息化合作。拓展建立民航全面合作的平台和机制，加快提升航空基础设施水平。三是能源基础设施，共同维护输油、输气管道等运输通道安全，推进跨境电力与输电通道建设，积极开展区域电网升级改造合作。四是跨境光缆等通信干线网络，提高国际通信互联互通水平，畅通信息丝绸之路。加快推进双边跨境光缆等建设，规划建设洲际海底光缆项目，完善空中（卫星）信息通道，扩大信息交流与合作。

贸易畅通，就是各方应该就贸易和投资便利化问题进行探讨并做出适当安排，消除贸易壁垒，降低贸易和投资成本，提高区域经济循环速度和质量，实现互利共赢。投资贸易合作是"一带一路"建设的重点内容。推进投资贸易便利化，消除投资和贸易壁垒，加强双边投资保护协定、避免双重征税协定磋商，保护投资者的合法权益，构建区域内和各国良好的营商环境，积极同沿线国家和地区共同商建自由贸易区，激发释放合作潜力，做大做好合作"蛋糕"，是努力方向。

资金融通，《推动共建丝绸之路经济带和 21 世纪海上丝绸之路的愿景与行动》指出，资金融通是"一带一路"建设的重要支撑。如果各国在经常项下和资本项下实现本币兑换和结算，就可以大大降低资金流通成本，增强抵御金融风险能力，提高本地区经济的国际竞争力。"一带一路"建设将为中国和沿线国家实现金融安全提供新契机。

民心相通，就是"一带一路"建设需弘扬睦邻友好的合作精神，在教育、青年、文化、旅游等领域深入开展人文合作，以文化交流推动包容开放理念的形成和扩散，促进文化交融，促成文化认同感，为深化沿线国家合作提供内在动力。

这"五通"的能量很强大。简单说来，中国以前主要是跟欧美发达国家互通，与其接轨的主要是沿海地区，现在内陆地区也要开放，而且不仅是中国向"一带一路"沿线国家开放，它们也要向中国开放。"一带一路"沿线的亚非拉国家对中国的资金、技术的需求就像当年中国对发达国家的需求一样。

上述"五通"内涵经中国智库专家量化为"五通指数"，为因地制宜、因时制宜推进"五通"建设指明了路径。[①] 此外，《"十三五"规划纲要》还提出"打造具有国际影响力的海上丝绸之路指数"。

---

① 国务院发展研究中心编《2015 中国经济年鉴·"一带一路"卷》，中国经济年鉴社，2015 年。

表2 五通指数指标体系

一级指标	二级指标	三级指标
A 政策沟通	A1 政治互信	A11 高层交流频繁度
		A12 伙伴关系
		A13 政策沟通效度
	A2 合作机制	A21 驻我国使馆数
		A22 双边重要文件数
	A3 政治环境	A31 政治稳定性
		A32 清廉指数
B 设施联通	B1 交通设施	B11 物流绩效指数
		B12 是否与中国直航
		B13 是否与中国铁路联通
		B14 是否与中国海路联通
	B2 通信设施	B21 电话线路覆盖率
		B22 互联网普及率
	B3 能源设施	B31 石油输送力
		B32 天然气输送力
		B33 电力输送力
C 贸易畅通	C1 畅通程度	C11 关税水平
		C12 非关税贸易壁垒
		C13 贸易条件指数
		C14 双边贸易额
	C2 投资水平	C21 双边投资协定
		C22 中国对该国直接投资流量
		C23 该国对中国直接投资流量
	C3 营商环境	C31 跨国贸易自由度
		C32 商业管制
D 资金融通	D1 金融合作	D11 货币互换合作
		D12 金融监管合作
		D13 投资银行合作
	D2 信贷体系	D21 信贷便利度
		D22 信用市场规范度
	D3 金融环境	D31 总储备量
		D32 公共债务规模
		D33 货币稳健性

（续表）

一级指标	二级指标	三级指标
E 民心相通	E1 旅游活动	E11 旅游目的地热度
		E12 来华旅游人数
	E2 科教交流	E21 科研合作
		E22 百万人拥有孔子学院数量
	E3 民间往来	E31 我国网民对该国的关注度
		E32 该国网民对我国的关注度
		E33 友好城市数量
		E34 民众好感度

表3　五通指数国家聚类分析

类型	数量	国家
五通均衡型	4	俄罗斯、马来西亚、印度尼西亚、哈萨克斯坦
政治互信型	9	白俄罗斯、尼泊尔、塔吉克斯坦、土库曼斯坦、柬埔寨、乌兹别克斯坦、罗马尼亚、阿富汗、塞尔维亚
经贸畅通型	10	土耳其、阿联酋、卡塔尔、文莱、科威特、越南、菲律宾、沙特阿拉伯、乌克兰、伊朗
经贸潜力型	19	捷克共和国、斯洛伐克、吉尔吉斯斯坦、斯洛文尼亚、阿尔巴尼亚、阿塞拜疆、保加利亚、亚美尼亚、格鲁吉亚、立陶宛、爱沙尼亚、巴林、阿曼、也门、黎巴嫩、约旦、缅甸、以色列、埃及
设施短板型	9	蒙古、巴基斯坦、印度、斯里兰卡、老挝、新加坡、泰国、匈牙利、波兰
尚待加强型	12	克罗地亚、黑山、孟加拉国、拉脱维亚、摩尔多瓦、马其顿、伊拉克、马尔代夫、波黑、叙利亚、东帝汶、不丹

如何实现欧亚互联互通？"五通"指数是以中国视角看沿线国家。超越中国视角，从历史上看，打通欧亚大陆自古

以来靠战争、靠征服，从大流士、亚历山大、恺撒、奥斯曼、成吉思汗到近代的西方殖民者莫不如此。人类步入铁路时代，欧亚铁路计划成为实现欧亚大陆互联互通百年梦想的技术支撑。于是，有了德国"一战"前的柏林—巴格达铁路规划，有了联合国开发计划署的欧亚大陆桥设想。在人类从传统铁路迈入高速铁路的进程中，中国实现了弯道超车，一跃成为高铁大国、高铁强国。这就是中国提出"一带一路"的底气。而中国充足的外汇储备和强大的建造能力，则是"一带一路"建设的重要资本。截至2015年10月底，中国各地已经开通23个欧亚快线，比海运缩短一半时间，当然成本也高出海运一倍。比如，渝新欧铁路从原来的海运35天缩短到16天，成本6000—8000美元/集装箱，较海运3500美元/集装箱高出一倍以上，看起来不划算，只能靠当地政府补贴，主要是未达到规模经济，政策、技术联通不够，返程空载率很高。为此，"一带一路"提出实现"五通"，即政策沟通、设施联通、贸易畅通、资金融通、民心相通，这就从时间上超越欧洲一体化的商品、劳务、人员和资本的四大自由流通；空间上实现陆海联通、东西呼应，实现规模、系统效应，才能彻底降低物流成本，提升内陆地区的比较竞争力，让欧亚大陆互联互通计划获得可持续发展，超越了古丝绸之路与传统全球化。

　　互联互通在历史上与中国大一统局面的形成密切相关。公元前221年，秦始皇统一中国，实现"书同文、车同轨"。近代以来，中国落伍了，发展权势掌握在西方手中。"惟发展之权，操之在我则存，操之在人则亡，此后中国存亡之关键，则在此实业发展之一事也。"孙中山先生在《建国方略图》中曾描述过中国互联互通梦。

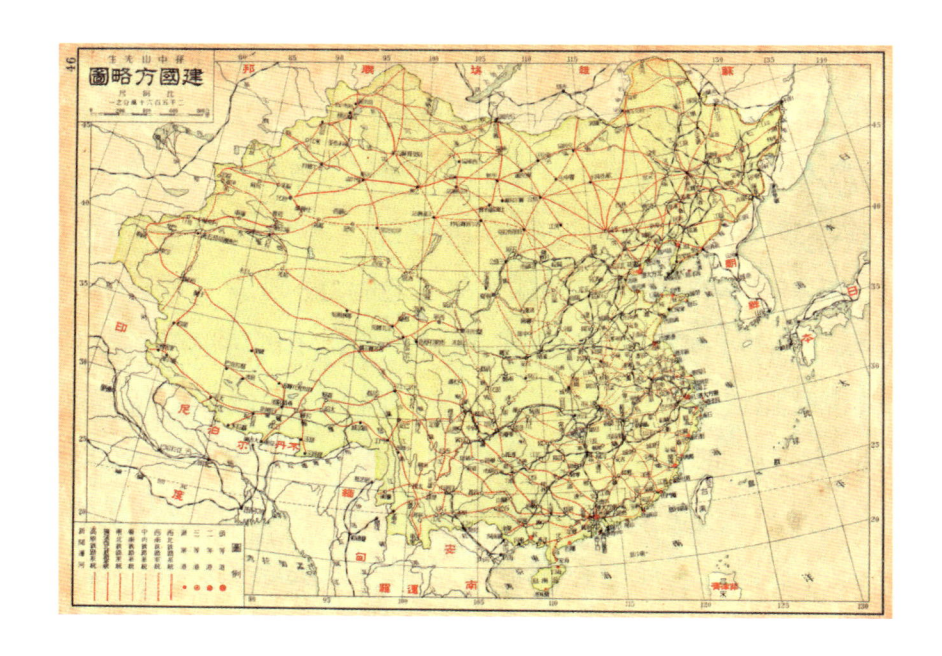

孙中山的互联互通梦[①]

然而，中国的互联互通梦百年后才圆，这引出中国提出"一带一路"的基础——国内不互联互通，如何实现欧亚大陆互联互通？

中国在不到十年时间内建设了 1.9 万公里高铁，占据整个世界的 60% 强。中国的高铁网不仅世界最长，也最复杂、最密集，将中国一百个城市连接起来，这不得不说是人类交通史上的奇迹。

---

① 孙中山《建国方略》，中州古籍出版社，1998 年。

2015 中国高铁线路图①

---

① 魅力深圳，2015中国高铁线路图高清版 像坐地铁一样去坐高铁，http://city.shenchuang.com/gaotie/ 20150715/210623.shtml。

《"十三五"规划纲要》描绘了中国高速铁路发展蓝图。到 2020 年，中国高铁将达到 3 万公里，将中国所有超过 50 万人口的 200 多座城市连接起来。这是中国在世界推行互联互通的底气。

　　实际上，中国搞互联互通，别的国家也有类似的梦想，而中国实现这些梦想的能力是世界上最强的。联合国公布的数据显示，我国是全世界唯一拥有联合国产业分类中全部工业门类的国家，拥有 39 个工业大类，191 个中类，525 个小类全部产业。"一带一路"涉及那么多行业，门类必须要齐全。关键是国防和工业体系完整、独立和齐全这三个要素。这说起来要感谢老一辈革命家。世界上只有三个国家拥有独立而完整的工业和国防体系：美国、中国和俄罗斯。中国就是因为不是美国的盟国，所以才能这么强大；就是因为被美国制裁了，所以"两弹一星"才搞起来了。工业体系、国防体系的独立而完整至关重要。

　　当代，最重要的就是共产党的领导。欧洲人总羡慕中国，说中国有五年规划，背后还有十年的规划，而且还有"两个一百年"——干着五年的，看着十年的，想着五十年的，而欧洲人考虑的是下一次选举：一个月、一年……古人云："政贵有恒，治须有常。"中国最大的比较竞争优势，就是共产党的领导。"规划森林，让树木自由生长。"基础设施建设必须要几十年的规划。规划的力量，在中国特色社会主义制度下显示威力。别的国家，换一个政党就没办法继续。中国考虑的是"两个一百年"——要保证未来"两个一百年"共产党继续执政，这是非常重要的。中国考虑的是国家和民族的长远利益，故此能建设"一带一路"。

"一带一路"不仅着眼于国内，更着眼于时代。

互联互通，"联"的是什么？以前"联"的都是"铁公机"，现在是"天电网，陆海空"。什么叫"天"？北斗卫星导航系统。这意味着2020年北斗系统实现全球覆盖后，中国可以在非洲、欧洲钻隧道、修铁路了。"电"是电子商务。以后产业的竞争力不在于量化生产，而在于个性化打造，这样才能占领高端市场。"网"是互联网。中国有7亿网民，占世界网民总数的1/5强。世界上只有4个国家有自己的搜索引擎——美国、中国、俄罗斯和韩国，欧洲国家都没有自己的搜索引擎。习近平主席在主题为"互联互通·共享共治——构建网络空间命运共同体"的第二届世界互联网大会主旨演讲中指出，网络空间是人类共同的活动空间，网络空间前途命运应由世界各国共同掌握。各国应该加强沟通、扩大共识、深化合作，共同构建网络空间命运共同体。应该坚持尊重网络主权，尊重各国自主选择网络发展道路、网络管理模式、互联网公共政策和平等参与国际网络空间治理的权利。中央网信办主任鲁炜阐释这一主题时表示，"一带一路"是21世纪的，网络空间的互联互通最能体现"一带一路"的时代特色。网络的本质在于互联，信息的价值在于互通。发展中国家人口占世界人口总数的80%，而互联网用户数只占全球用户数的43%，未来增长潜力巨大。中国将加大资金投入，加强技术支持，积极推动全球网络基础设施建设，增强各国网络发展能力，让更多发展中国家和人民共享互联网带来的机遇。中国将进一步加强与"一带一路"沿线国家的网络合作,率先打通"一带一路"的"血脉经络";依托亚洲基础设施投资银行、中国互联网投资基金、中国互联网发展基金会等,深化与发展中国家的务实合作,大力推进互联网基础设施建设,消除"信息壁垒",缩小"数字鸿沟",让信息资源充分涌流,让更多发展中国家和人民通过互联网掌握信息、获取知识、创造财富,过上更加幸福美好的生活。①

互联网巨头谷歌公司的执行董事长埃里克·施密特曾大胆预言:互联网即将消失,一个高度个性化、互动化的有趣世界——物联网即将诞生。未来将有数量巨大的IP地址、传感器、可穿戴设备以及虽感觉不到却可与之互动的东西,时时刻刻伴随你。"设想下你走入房间,房间会随之变化,有了你的允许和所有这些东西,你将与房间里发生的一切进行互动。世界将变得非常个性化、非常互动化和非常非常有趣。所有赌注此刻都与智能手机应用基础架构有关,似乎将出现全新的竞争者为智能手机提供应用,智能手机已经成为超级电脑。我认为这是一个完全开放的市场。"②

作为对互联网时代的超越,万物互联、人机交互、天地一体的时代正在到来。

互联网的下一波浪潮将是在人员、流程、数据以及实物之间实现融合而形成的网络。这也就是思科正在全球范

---

① 鲁炜《坚持尊重网络主权原则 推动构建网络空间命运共同体》,《求是》2016年第5期。
② 夏妍娜、赵胜《中国制造2025:产业互联网开启新工业革命》,机械工业出版社,2016年。

围内发起并推动的万物互联（Internet of Everything，简称IoE）。顾名思义，万物互联就是将一切还未连接起来的人、数据、流程和万事万物都连接起来（见下图）。

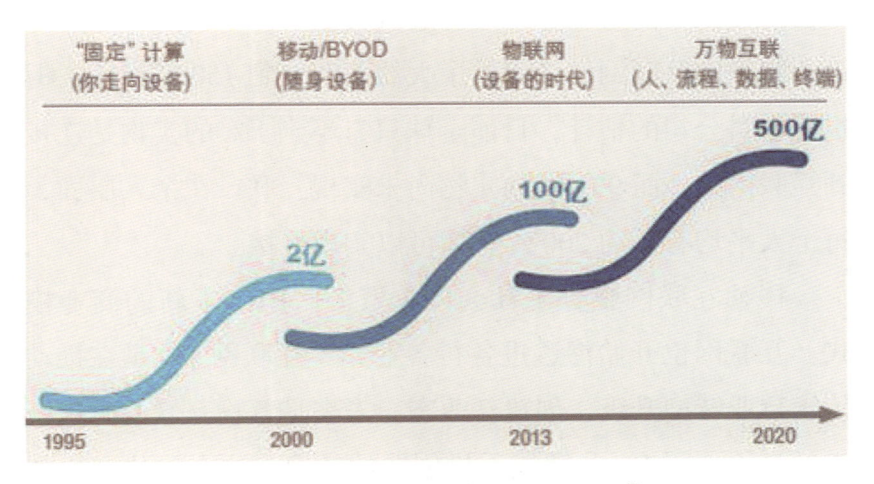

互联网终端数量的快速增长①

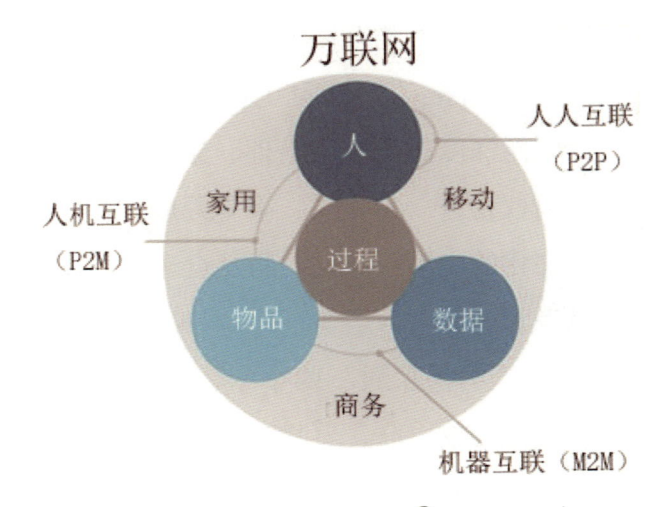

万物互联图②

---

① http://money.163.com/13/0408/12/8RUH8LGF00253B0H.html.
② 来源于美国思科公司 CISCO，IBSG，2012.

万物互联（IoE）将人、流程、数据和事物结合在一起使得网络连接变得更加相关、更有价值。万物互联将信息转化为行动，给企业、个人和国家创造新的功能，并带来更加丰富的体验和前所未有的经济发展机遇。

如今的互联网已经连接了大约100亿到150亿设备。但根据思科公司的估计，目前全球只有不到1%的实物是连接到互联网的，而99.4%的实物尚未实现互联。在个人层面，每个人平均有大约200件实物可以实现连接。

移动互联网整合了社会闲置资源，产生了新的商业模式。互联网也开始渗透进各行各业，"互联网+"是在推动传统行业转型升级，创造新业态。未来是万物互联的时代，它丝毫不亚于PC和智能手机创造的辉煌，这个时代产生的智能设备将会改变产业，让企业更高效、更有创造力，它将彻底改变我们的生活。万物互联的时代，超高速网络、万物互联等信息技术必将推动并巩固互联网成为经济增长的新引擎，推动互联网深度融入社会治理、经济发展等；我国互联网的国际话语权将进一步提高，秉承开放、合作、共享理念参与互联网文化的中国互联网，将从全球互联网发展的受益者变成贡献者和引领者。

总结来说，"互联互通"四个字，各有含义：互，国际接轨——全方位开放；联，万物互联、人机交互、天地一体；互，成为西方的市场——打造欧亚非我的市场；通，"五通"——以资金、技术优势制定标准，包括产业标准、大宗商品定价权、国际投资及贸易规则等。

在此基础上，推进不断深化与"一带一路"沿线国家标准化双多边合作和互联互通，大力推进中国标准"走出去"，加快提高标准国际化水平，全面服务"一带一路"。

三、达：全球化的中国化

"一带一路"能建成吗？如何克服资金缺口、战略风险、安全挑战？习近平主席任期到2022年，可是"一带一路"建设需要几十年啊，会不会在后习时代成为烂尾工程？这是国内外不少人质疑的焦点。美国人一度认为中国的"一带一路"是幻觉（illusion）。殊不知中国"一带一路"自有其哲学。取法乎上，仅得其中；取法乎中，仅得其下。这种《易经》智慧在"一带一路"建设中得到充分体现。

"一带一路"战略不是孤立的，也不是中国大战略的全部，它立足于中国国内的全面深化改革和全方位开放（四个自贸区、长江经济带、京津冀一体化），与亚太自贸区（FTAAP）构成中国的"一体两翼"大战略，共圆中国梦。我们清楚地认识到，古代丝绸之路的繁荣稳定是与中央王朝的强盛和控制力密切相连的。"一带一路"也是与中华民族伟大复兴的两个一百年奋斗目标紧密相连的，两者相互依托，既是愿景，也是行动，承载了中华民族伟大复兴的梦想。"一带一路"取法乎上——从"全球化的中国化"向"中国化的全球化"转变，而得乎其中——推动实现欧亚大陆共同市场。

"一带一路"实现"全球化的中国化"与"中国的全球化"相结合，开创中国与全球化关系新的里程碑。

"一带一路"承载中国梦与沿线各国梦融通的历史使命。

"中国要对人类做出较大的贡献。"这是毛泽东1956年在《纪念孙中山先生》一文中向全国人民发出的伟大号召。这大概是中国梦国际含义的较早表达了。

然而曾几何时，这种信念遭受不少的诟病，中国为此遭受不少屈辱。中国与世界关系的矛盾集中在形形色色的"中国威胁论""中国责任论"……，折射出西方话语霸权体系下的中国尴尬处境。

世界对中国日益增长的期待同中国亟待提升的国际行为能力之间的矛盾，成为中国与世界关系的主要矛盾之一。真乃时势异也。越来越多的事实表明，中国发挥更大国际作用是大势所趋。

中国是世界上唯一拥有四重身份的国家：社会主义国家、东方文明古国、发展中大国、新兴国家。中国的多重身份，折射出中国梦具有社会主义梦、东方文明复兴梦、发展中国家梦、新兴大国梦等多重内涵：

中国梦作为社会主义梦的主要表征是国内追求共同富裕、国际追求公平正义。

中国梦在复兴中华文明的同时，也宣告了所谓普世价值只是西方的话语霸权，终结了东方从属于西方的历史。

中国梦的成功实现，必然鼓励其他发展中国家走符合自身国情的发展道路，破除了西方发展模式、制度、价值为普世发展模式、制度、价值的神话，激励发达资本主义国家内的社会主义信念，鼓舞世界各国走社会主义道路的自信、选择社会主义制度的自信、坚定社会主义理念的自信。

中国是最大的新兴国家。中国梦是新兴大国梦的典型体现，必将鼓舞新兴大国群体崛起势头，鼓励中国与其他新兴大国一道，推进国际关系民主化，推动国际秩序朝向更公平、合理和包容的方向发展。

中国的多重属性，决定了中国梦不只是单纯的中国的国家梦、民族梦、人民梦，也是世界梦、文明梦。这是毛泽东号召"中国应对人类做出较大贡献"的时代呼应。

美国著名汉学家白鲁恂称，中国是一种文明，假装成为一个国家。世界对中国的期待，更是对中华文明的期待。中华文明是唯一从未间断的古老文明，也是少有未被西方完全殖民的古老文明，更是少有的世俗文明，以中庸之道、大同理念从根本上超越了西方文明的基督教世界观与全球治理观。中国梦的实现过程，也是开创超越西方现代化模式、探索人类新文明的过程，不仅是世界的期待，也是人类文明的期待。

世界对中国的期待，也是对美国霸权日益失望的结果。我们姑且不对美国的霸权行为本身做出是非评价，就是美国人也不看好美国的威望。皮尤公司民调显示，超过半数的美国人认为美国在世界上管得太多，国际威望呈下降趋势。与此同时，美国人又笃信，美国从世界事务中收缩，可能带来了世界的混乱与不稳定。世界能否走出美国霸权的魔咒？既考验中国，也考验世界。

中国的作用，绝不是去填补美国的力量真空，更不是去重复美国的行为，而应成为地区持续稳定、世界持久和平、人类永续发展的倡导者、建设者、捍卫者。这种信念和底气，客观上呼吁、主观上激励中国发挥更大的国际作用。

"贸易通道明摆着，为何要复兴丝绸之路？'一带一路'

是中国的马歇尔计划吗?"这是笔者2015年3月在意大利国际政治研究所(ISPI)讲完"一带一路"后,被问到最多的问题。

其实,"一带一路"是中国与丝绸之路沿线国家分享优质产能,并非马歇尔计划的单方面输出,而是共商项目投资、共建基础设施、共享合作成果,内容包括政策沟通、设施联通、贸易畅通、资金融通、民心相通"五通",比马歇尔计划内涵丰富得多,肩负着三大使命:

使命一,探寻后危机时代全球经济增长之道。

"一带一路"是在全球化即美国化、西方化失势后,作为世界经济增长火车头的中国,将自身的产能优势、技术与资金优势、经验与模式优势转化为市场与合作优势的结果,是中国全方位开放的结局。中国通过"一带一路"建设分享中国改革发展红利,也带去中国发展的经验和教训,着力推动沿线国家间实现合作与对话,建立更加平等均衡的新型全球发展伙伴关系,夯实世界经济长期稳定发展的基础。

使命二,实现全球化再平衡。

传统全球化由海而起,由海而生,沿海地区、海洋国家先发展起来,陆上国家、内地则比较落后,形成巨大的贫富差距。传统全球化由欧洲开辟,由美国发扬光大,形成国际秩序的"西方中心论",导致东方从属于西方,农村从属于城市,陆地从属于海洋等一系列负面效应。如今,"一带一路"正在推动全球再平衡。"一带一路"鼓励向西开放,带动西部开发以及中亚、蒙古等内陆国家的开发,在国际社会推行全球化的包容性发展理念；同时，"一带一路"是中国主动向西推广中国优质产能和比较优势产业，将使沿途、沿岸国家首先获益，也改变了历史上中亚等丝绸之路沿途地带只是作为东西方贸易、文化交流的过道而成为发展"洼地"的面貌。这就超越了欧洲人所开创的全球化，缩小贫富差距，解决地区发展不平衡问题，推动建立持久和平、普遍安全、共同繁荣的和谐世界。

使命三，开创21世纪地区合作新模式。

中国改革开放是当今世界最大的创新，"一带一路"作为全方位对外开放战略，正在以经济走廊理论、经济带理论、21世纪的国际合作理论等创新经济发展理论、区域合作理论、全球化理论。"一带一路"强调共商、共建、共享原则，超越了马歇尔计划、对外援助以及走出去战略，给21世纪的国际合作带来新的理念。比如，"经济带"概念就是对地区经济合作模式的创新，其中经济走廊——新亚欧大陆桥、中蒙俄、中国—中亚—西亚、中国—中南半岛等国际经济合作走廊，以经济增长极辐射周边，超越了传统发展经济学理论。"丝绸之路经济带"概念，不同于历史上所出现的各类"经济区"与"经济联盟"，同以上两者相比，经济带具有灵活性高、适用性广以及可操作性强的特点，各国都是平等的参与者，本着自愿参与、协同推进的原则，发扬"和平合作、开放包容、互学互鉴、互利共赢"的丝绸之路精神。正如《推动共建丝绸之路经济带和21世纪海上丝绸之路的愿景与行动》所指出的："共建'一带一路'旨在促进经济要素有序自由流动、资源高效配置和市场深度融合,推动沿线各国实现经济政策协调,开展更大范围、更高水平、更深层次的区域合作,共同打造开放、包容、均衡、普惠的区域经济合作架构。共建'一带一路'符合国际社会的根本利益,彰显人类社会共同理想和美好追求,是国际合作以及全球治理新模式的积极探索,将为世界和平发展增添新的正能量。"

世界期待分享中国的发展成果与理念。中国既具后发优势,又有先发优势,且以其最鲜活的现代化经验、最大规模的现代化、最复杂的现代化实践,对其他发展中国家最具吸引力、借鉴性。

英国历史学家汤因比在其鸿篇巨制《历史研究》中早就预言——中国有可能自觉地把西方更灵活也更激烈的火力,与自身保守的、稳定的传统文化熔于一炉。[①] 如果这种有意识、有节制地进行的恰当融合取得成功,其结果可能为文明的人类提供一个全新的文化起点。

今天,发展成为"中国应对人类做出较大贡献"的鲜明特征。作为世界最大的发展中国家,中国是世界发展的最大贡献者:中国发展了,激励并推动其他发展中国家脱贫致富,帮助其他新兴国家超越"中等收入陷阱",实现世界的协调发展、整体发展和可持续发展。

---

① [英]阿诺德·汤因比《历史研究》,刘北成、郭小凌译,上海世纪出版集团/上海人民出版社,2005年,第344页插图78"中国的回应"。

第二章
"一带一路"的全球化逻辑

> 如果将"一带一路"比喻为亚洲腾飞的两只翅膀,那么互联互通就是两只翅膀的血脉经络。
>
> ——习近平

迄今为止,人类经历了三种全球化:丝绸之路所代表的农耕-游牧时代的全球化、工业革命所代表的工业-商业时代的全球化、"一带一路"所承载的工业-信息时代的全球化。

表4 全球化的三种形态

	单元	载体	动力	法则
全球化1.0	文明	欧亚大陆	贸易+文化	东西互鉴
全球化2.0	民族国家	海洋	贸易+投资	西方中心
全球化3.0	文明型国家	"一带一路"	互联互通	包容天下

如果我们把作为古代东西方贸易与文明交流之路的丝绸之路称之为全球化1.0时代:其单元是文明,载体是欧亚大陆,动力是贸易-文化,遵循"和平合作、开放包容、互学互鉴、互利共赢"的丝路精神。近代西方开创的全球化其实是全球化2.0时代:以民族国家为单元,通过海洋实现

全球贸易－投资扩张，确立西方中心世界。那么，"一带一路"是21世纪的跨洲际合作倡议，不只是打通历史上中断的丝绸之路，而是借助丝绸之路的历史概念，开创新型全球化——全球化3.0时代：秉承"万物互联"，运用3D打印机、大数据和智慧城市，推动电子商务领域的世贸规则（E-WTO）进程，开发和应用包容性技术——改变传统技术让强者更强、弱者更弱的状态，创新和实施包容性制度安排——推动国际贸易、投资规则更加公正、合理、包容，开创包容性全球化——实现持久和平、共同繁荣的千年梦想。

一、全球化1.0：东西互鉴

古代丝绸之路是连接东西方贸易与文明交流的桥梁，集中展示了东西互鉴的魅力。

"丝绸茶叶陶瓷萃，商贾僧人行旅偕。"纵观历史上丝绸之路的发展轨迹，在其千年的演变之间，尽管沉浮多变，但绵延不衰，对中西方做出了巨大的历史贡献。首先，繁荣了中西方的贸易和商业往来。千余里的丝绸之路上，商贾来往不断，驼铃阵阵，繁华相望于道。在贸易过程中，各类奇货屡见不鲜，在相互交换的过程中极大地推动了中西方物质的繁荣，推动了财富、资源以及人员的流动。其次，促进了沿线各民族之间的稳定。由于各民族之间经贸往来频繁，同时伴随着文化交流所带来的相互理解，各民族之间没有爆发较大规模的冲突战争。同时，丝绸之路上各民族之间也呈现出融合的趋势，各民族获得不同程度的发展进步。

除此之外，丝绸之路不仅仅是一条经贸之路，更是一条文化之路，各类文明汇聚于此，以其包容开放的精神，发展了世界文化的多样性，搭建了世界文化沟通交流的平台。尤其需要指出的是，佛教就是借由丝绸之路，经印度传至西域，后到达中原地区，并在中国广泛传播的。其他各类教派，如景教、拜火教、摩尼教等也先后传入，对塑造我国民众的宗教认同，提升自身精神境界，维护社会稳定意义重大。了解我国古代丝绸之路的发展脉络，有利于从宏观上把握当今"一带一路"建设同古代丝绸之路的联系，从而更加全面地了解两者之间的联系和异同。

"一带一路"又在开启东西互鉴的时代，并具有南北合作的时代内涵。古代丝绸之路在经贸合作、文化交流、民族稳定三个方面发挥了积极作用，而当今"一带一路"的建设，也同样会发挥古丝绸之路这三大独特作用，以负责任的风范与真诚包容的大国态度同世界分享自身发展红利。正如习近平主席所提到的，这有利于欧亚各国经济联系更加紧密，相互合作更加深入，发展模式更加广阔，这是一项造福沿线各国人民的大事业。放眼古今丝绸之路，两者同为"亲善之路""繁荣之路""交流之路"。

"亲善之路"指的是当今"一带一路"建设立足于古丝绸之路对民族稳定、和谐共处的贡献，在和平发展成为时代主题的当下，将"一带一路"打造成一条福泽各国民众的发展之路，促进沿线不同国家、不同民族之间的友好往来与和睦共处。目前，伴随着中国的崛起，西方世界影响下产生的"中国威胁论"使得世界各国对中国崛起心存疑虑，将中国的强大看作对世界现存政治秩序的威胁。而这条"亲善之路"充分体现了我国坚持走和平崛起道路，不谋求世界霸权，在国力强大的今天，将"引进来"与"走出去"更好地结合，同世界分享自身发展红利，在互联互通的基础之上，同各国平等发展，互利共赢。

"繁荣之路"是指当今"一带一路"建设同古代丝绸之路联系东西方贸易、创造大量社会财富一样，在当今贯穿亚欧非大陆，一头是活跃的东亚经济圈，一头是发达的欧洲经济圈，能够在经贸交流的过程中推动东西方两大市场的繁荣，为沿线国家提供巨大的发展机遇和潜力。从"一带一路"的议程设置来看，伴随着一系列自贸区，如中日韩自贸区、中国-东盟自贸区以及各类经济走廊，如孟中印缅经济走廊、中蒙俄经济走廊的建设升级，这能够有效地促进产业合理分工，减小各国间的贸易壁垒，便利各国进出口运营以及经贸投资，从而建立起高效运行的"财富流通网""物资运输网"与"货币交换网"。

"交流之路"是指当今"一带一路"不仅仅是一条经贸之路，也是一条文化交流、民众交往之路。伴随着各国基础设施的不断完善以及经贸合作的不断深化，建立在其基础之上的文化交流也同样会大放异彩。如今的"一带一路"，涵盖44亿人口，在建设的过程中，如能发扬传统"和平合作、开放包容、互学互鉴、互利共赢"的"丝路精神"，以开放包容的态度推动沿线各国民众之间的交流，不仅能够推动"民心相通"早日实现，增强各国民众对政策的支持和拥戴，而且能够极大地推动文化多样性的发展，在文化沟通交流的基础上实现物质同精神的双重结合，从经济和人文两个层面真正实现"共商""共建""共享"的合作理念。

二、全球化2.0：西方中心

亚历山大大帝在欧洲之所以被称为"大帝"，不只是就其文治武功而言，更重要的是通过他远征至印度，将埃及文明、两河流域文明、印度文明等学术成果置于其老师亚里士多德名下，为欧洲的文艺复兴埋下了伏笔。工业革命、地理大发现后，欧洲人又将殖民世界美其名曰"文明的传播"，"西方中心论"就这样自圆其说了。

"正像它使农村从属于城市一样，它使未开化和半开化的国家从属于文明的国家，使农民的民族从属于资产阶级的民族，使东方从属于西方。资产阶级在它的不到一百年的阶级统治中所创造的生产力，比过去一切世代创造的全部生产力还要多，还要大。"《共产党宣言》这段话是西方中心全球化时代的经典描述。

其结果，是我们在与一个西化的世界打交道。所谓的全球化，是西方化的全球化。这一切，表面上说成是工业文明代表的先进生产力，解构了农业文明所代表的落后生产力，其实是欧洲海洋文明滥觞的托词。

欧洲海洋文明，本质上处于海洋商业文明层面，通过商业文明的先发优势与海缘之便利，将海洋文明扩张至全球，创造了"欧洲中心论"的神话。如今，我们迎来了海洋文明转型的新时代。在海洋文明转型中，欧洲海洋文明还能继续领先世界吗？

答案仍然要从海洋本身说起。古代的人类总以为自己所在的地方是世界的中心，大洋是世界的尽头；人类在16世纪之后才认识到世界大洋之大，但是海洋的利用只局限于海面；到20世纪之后才认识到大洋之深；到20世纪晚期才能进入深海，认识到大洋深处与人类社会的密切关系。

沧海桑田，时移世易。当今世界，正经历着内陆文明走向海洋、海洋商业文明走向海洋工业文明的大交替。

人类的海洋商业文明起源于海岛及海边的国家或地区，典型如古巴比伦文明中的腓尼基，古希腊文明中的爱琴海、地中海沿岸及岛屿上的诸多城邦及小国，古罗马文明中的迦太基、罗马、高卢、英伦三岛，北欧历史中的丹麦、瑞典、挪威三个海盗国家。这些国家通过海上商道从事海外贸易，进行征服和掠夺。

人类的海洋工业文明起源于全球化，而突显于可持续发展时代。向海而兴，背海而衰，这也是很多国家民族的历史都证明了的一个事实。特别是在当今世界，随着地球人口的日益增加，生活环境恶化，水土大量流失，地球上的陆地已不堪重负，而海洋正在成为人类的第二生存空间。海洋拥有丰富资源和广阔领域：海洋占地球面积的71%，其中矿物资源是陆地的1000多倍，食物资源超过陆地1000倍。海洋已经成为世界各国高科技竞争的新热点，越来越受到人们的高度重视与关注，内陆文明纷纷走向海洋，谁拥有海洋谁就拥有未来。可以说，21世纪是人类开发"海土"的世纪，人类将进入海洋工业文明新纪元。

人类重估"海土"价值，处于"第二次地理大发现"的前夕。不同于第一次地理大发现时海洋只是作为商路、殖民扩张的通道，如今海底的价值突显出来。人类进入了新海洋时代——"深海时代"或曰"海洋时代 2.0"。海权论之父马汉曾把全球海洋命名为"一条广阔的高速公路，一个宽广的公域"。① 如今，海洋不再只是全球公域的组成部分，而是在孕育着下一轮全球化的动力。正是看到这一点，一些国家掀起了与工业革命前期"圈地运动"类似的"圈海运动"。"圈海运动"吹响海洋商业文明向海洋工业文明迈进的号角。

纵观人类文明发展史，大国之兴衰，洲际权力之转移，往往是文明转型的产物。公元 1500 年以来西方创造先进文明的优势日渐枯竭。文明的活水跨越大西洋波及北美大陆后，又通过太平洋唤醒了亚洲大陆的原生文明。才刚刚过去 500 年，世界权力重心逐渐向东方转移，这让西方世界陷入了惊恐、迷惑、不解和不甘之中。②

脱掉旧全球化紧身衣，扭转海洋文明称霸世界的局面，以互联互通打破中心－边缘格局，实现共同发展，开创包容性全球化，成为时代的呼唤。

三、全球化 3.0：包容天下

"一带一路"在全球化新时代继承和弘扬了"和平合作、

---

① Alfred Thayer Mahan, *The Influence of Sea Power upon History*(1660—1783), New York: Dover Publications, 1987, p.25.
② 王义桅《海殇？——欧洲文明启示录》，上海人民出版社，2013 年。

开放包容、互学互鉴、互利共赢"的古丝绸之路精神，正在打造中国的新天下观——四海一家、天下无外，纠正近代以来西方殖民体系及现今美国霸权体系造成全球化的碎片化、分裂化局面，以沿线国家的共同现代化超越近代西方开创的竞争性现代化，推动实现持久和平、共同繁荣、普遍安全的和谐欧亚。

如果用一句话来描述"一带一路"就是：欧亚大陆互联互通，实现包容性全球化。

试以互联网的术与道说明之。

互联网是什么？这是一个习以为常而又似是而非的问题。作为拥有最多网民、互联网发展最快的国家，中国在重新定义互联网，引领人类对互联网的认识，倡导全球互联网治理观。

回顾历史，中国的互联网观正悄然升级，革新换代：

第一阶段，互联网是技术。1994年，中国电脑接入世界互联网，开启中国的互联网时代。在"科学技术是第一生产力"的口号下，邓小平指出："电脑要从娃娃抓起。"

第二阶段，互联网是产业。汉字激光照排技术极大地推动了中国互联网从技术走向产业。联想品牌的崛起可谓标志。如今，世界IT十大巨头中四家是中国的。中国正从互联网大国向互联网强国迈进。

第三阶段，互联网是信息。"+互联网"成为信息时代的代名词。用好互联网工具，成为中国各行各业的趋势。互联网载体、平台为此得到广泛应用。

第四阶段，互联网是模式。"互联网+"口号的流行，表明互联网已经成为生产、生活和思维模式。与此同时，互联网治理也提上日程，我们探索出了中国特色的互联网治理模式，并影响全球互联网治理。

第五阶段，互联网是基础设施。无论把互联网当作技术、产业、平台载体抑或生产、生活和思维模式，都是因互联网而思考的，较少考虑到非网民的感受。只有将互联网当作基础设施，让互联网发展成果惠及14亿中国人民，更好地造福各国人民，才能告别互联网让"强者更强，弱者更弱；富者更富，穷者更穷；智者更智，愚者更愚"的局面。

第六阶段，互联网是人类的共同家园。习近平主席在第二届世界互联网大会主旨演讲中指出，网络空间是人类共同的活动空间，网络空间前途命运应由世界各国共同掌握。各国应该加强沟通、扩大共识、深化合作，共同构建网络空间命运共同体。应该坚持尊重网络主权，尊重各国自主选择网络发展道路、网络管理模式、互联网公共政策和平等参与国际网络空间治理的权利。这是对美国倡导的互联网乃"全球公域"（global commons）的超越——正如水、空气一样，互联网作为信息时代的公共品，应该实行共治共享，网络强者有责任为弱者提供服务而非伤害其权益。美国打造"全球公域"概念是为超越国家网络主权，干涉他国内政，为实施"棱镜门"事件提供借口。因为互联网国际域名基本上在美国支配下，所以他国对互联网的依赖就成为对美国互联网霸权的依赖。

第二届世界互联网大会高级别专家咨询委员会提交的《乌镇倡议》指出："互联网作为人类文明进步的重要成果，已成为驱动创新、促进经济社会发展、惠及全人类的重要力量。互联网将世界变成了'地球村',使国际社会日益形成相互依赖的命运共同体。"可以说,这综合了以上六种互联网观,正在引领互联网空间的全球治理。

俗话说"名不正则言不顺",不能让少数发达国家垄断互联网定义权。不能狭隘地将互联网理解为"术",否则很容易被强者所垄断,巩固其信息霸权,造成"棱镜门"事件。互联网既是"术"也是"道"。互联网影响着人们的生产、生活和思维方式,应积极探索互联网治理之道——道义、道理、道路。中国自古有"文以载道"的传统,在互联网时代,可提倡"网以载道",确立中国在网络治理方面的国际话语权。

中国是社会主义国家,又是东方文明古国,要推动世界非网民不仅搭上信息革命快车,且有望实现弯道超车。中国以互联网实现弯道超车,又实现变道超车,才真正崛起为世界领导型国家,此乃信息时代的中国天命。

推广包容性技术、包容性制度、包容性全球化,这是互联网术与道探讨带给我们的启示。

作为中国提出的全球化公共产品与合作倡议,"一带一路"着眼于"世界岛"——欧亚(非)大陆的互联互通,不仅是为了解决中国经济发展模式转型的问题,也是为了降低物流成本,提升亚非国家的比较竞争力,消除内陆国家与海洋国家、地带的发展差距,实现联合国2030年后发展议程和人类的长治久安。

因此,"一带一路"旨在圆梦欧亚大陆互联互通的百年憧憬,携手开创全球化3.0版,融通中国梦与世界梦。

第三章
"一带一路"的文明逻辑

文明因交流而多彩，文明因互鉴而丰富。

——习近平

"一个国家的前途，不取决于它的国库之殷实，不取决于它的城堡之坚固，也不取决于它的公共设施之华丽，而在于它的公民的文明素养和品格的高下，这才是利害攸关的力量所在。"欧洲新教革命领袖马丁·路德这句话，迄今提醒我们："一带一路"成功的关键在文明。对丝路文明的继承与创新，能否引领人类新文明？中国的文明水平及公民文明素质，决定了中国与"一带一路"沿线国家民心能否相通。中医说："通则不痛，痛则不通。""一带一路"建设的痛点，表面在经济合作，实则在发展模式的竞争，在文明的逻辑。

"一带一路"文明三部曲：复兴，助推人类文明共同复兴；转型，走出近代，告别西方；创新，开创21世纪人类新文明，集中展示了"一带一路"的文明逻辑。

一、文明的复兴

一个世纪前的孙中山先生以"世界大势,浩浩荡荡,顺之者昌,逆之者亡"的判断号召振兴中华。这种"线性进化论"思想源头是严复所译《天演论》,它将达尔文的"进化论"与中华文化的"天道"思想结合在一起,认定中华民族的归宿是融入国际主流社会。其实,天道无常,"进化论"应翻译为"演化论",人类社会演绎不见得是"进步"的。中华文明是唯一未被西方殖民而连续至今的非字母文明,其命运岂能以"融入世界大势"所言之?!

今天,中国已经超越了"落后就要挨打"的时代,不久的将来即将实现近代赶超目标,文明的复兴而非现代化的逻辑,指引着中国梦。近代西方开创的现代化是竞争性的现代化,各国竞相追求现代化,造成个体理性而集体非理性的结局,给地球与人类社会造成不可承受之重。究其原因,现代化掩盖了人类的共同性——和平与发展、文明的复兴与人性的回归。现代化逻辑下的和平绝非持久和平,亦非共同发展;现代化掩盖的文明冲突,更令人痛心。

在传统以民族国家为主要单元、以国际关系为主要思维的国际体系下,中国崛起常常被视为威胁。现在必须改变这一现象。

现代化的逻辑下,我们紧盯着GDP,忽略了环境;紧盯着技术,忽略了人文;紧盯着发达国家,忽略了我们的发展中国家兄弟;紧盯着与国际接轨,忽略了变轨;紧盯着后发优势,忽略了先发优势。正如过去的乐凯胶卷教训一样,如果现在一味追赶脸书、推特，迟早是要被淘汰的，不如创新微信，如高铁那样开创"兼收并蓄、融会贯通"的奇迹。

"一带一路"将人类四大文明——埃及文明、巴比伦文明、印度文明、中华文明，串在一起，通过由铁路、公路、航空、航海、油气管道、输电线路和通信网络组成的综合性立体互联互通，推动内陆文明、大河文明的复兴，推动发展中国家脱贫致富，推动新兴国家持续成功崛起。一句话，以文明复兴的逻辑超越了现代化的竞争逻辑，为21世纪国际政治定调，为中国梦正名。

从人类文明史看，"一带一路"修订内陆文明从属于海洋文明、东方从属于西方的西方中心论，重塑均衡、包容的全球化文明，推动欧亚大陆回归人类文明中心地带。

"一带一路"肩负推动人类文明大回归的历史使命。

首先是推动欧亚大陆回归人类文明中心。古代丝绸之路被"奥斯曼之墙"切断后，欧洲走向海洋，以殖民化方式开启全球化，东方文明走向封闭保守，进入所谓的近代西方中心世界。直至美国崛起，西方中心从欧洲转到美国，欧洲衰落，历经欧洲一体化而无法从根本上挽回颓势。如今，欧洲迎来了重返世界中心地位的历史性机遇，这就是欧亚大陆的复兴。作为"世界岛"的欧亚大陆一体化建设将产生布热津斯基《大棋局》一书所说的让美国回归"孤岛"的战略效应，和让亚欧大陆重回人类文明中心的地缘效应，重塑全球地缘政治及全球化版图。

其次是改变边缘型国家崛起的近代化逻辑。近代以来，葡萄牙、西班牙、荷兰、英国相继从海洋崛起，并通过地理大发现与海上殖民确立世界霸权，直至"二战"后美国崛起。然而，这些国家皆非处于人类文明中心地带的文明古国，而是作为世界岛的欧亚大陆的边缘国家或海洋国家，故此称霸周期无一例外没有超过130年。①"一带一路"推动大河文明和古老文明复兴，正在改变近代边缘型国家崛起的历史，纠偏海洋主宰大陆、边缘主宰核心的局面。

语言是人类最重要的交际工具和信息载体，是文化的基础要素和鲜明标志，是"了解一个国家最好的钥匙"。文明复兴从恢复语言多样性开始。随着"一带一路"国家重大战略的提出，语言的重要功能愈加突显。"一带一路"建设的关键是"五通"，实现的基础是语言互通。语言互通不仅是实现"民心相通"的根本保障，也是服务互联互通建设的重要支撑。粗略地算，"一带一路"沿线65个国家大致包含50多种国家通用语和200多种民族语言。②不同于靠英语走向世界，建设"一带一路"要走进世界，必须会沿线当地语言。③

鸦片战争以来，中国人被迫睁眼看世界。改革开放以来，世界走进中国，中国也走向世界。"一带一路"倡议的提出，预示着中国走进世界，中国建造、服务、中国模式尤其是中国人，要飞入"一带一路"百姓家。从全球化到本土化，这是"一带一路"的基本文化逻辑。

---

① 梁鹤年《西方社会、经济与政治的文化基因》，生活·读书·新知三联书店，2012年。
② 李宇明《"一带一路"需要语言铺路》，《人民日报》，2015年9月22日。
③ 聂丹《"一带一路"亟需语言资源的互联互通》，《人民论坛 学术前沿》，2015年11月上。

不同于西方传教士先行，中国的"一带一路"建设只能靠华人华侨、孔子学院先行。65个沿线国家中约一半是伊斯兰国家。作为一种世俗文明与取经文化，中华文明如何走进"一带一路"国家，成为巨大考验。如何弘扬"和平合作、开放包容、互学互鉴、互利共赢"的丝路精神，真正做到知行合一、始终如一？丝绸之路是古代东西方文明与贸易交流之路。"一带一路"是对古丝绸之路在全球化时代的创新与发展。理解"一带一路"必须从全球化时代的文明观来展开。从中华文明史的角度看，"一带一路"不仅在推动中华文明伟大复兴，更在推动其伟大转型，开创了世界文明古国唯一复兴与转型并举的伟大奇迹。从这个意义上说，"一带一路"除了肩负创新人类文明的现实担当外，还肩负着推动中华文明转型的历史担当，以及实现中国梦的未来担当。

二、文明的转型

"欲国家富强，不可置海洋于不顾。财富取之海洋，危险亦来自海上。"明代伟大航海家郑和这句话，提示我们"一带一路"正在开创文明的转型，并接受文明转型的考验。从内陆文明转向海洋文明，尤为关键。

"一带一路"肩负推动中华文明转型的历史担当。

作为文明型国家，中国正在经历从内陆文明向海洋文明、从农耕文明向工业－信息文明、从地域性文明向全球性文明转型。① 这是五千年未有之变局，正在开创人类古老文明复兴与转型并举的奇迹。中华文明五千年连续不断，未被西方殖民，又处于快速复兴势头，可谓世间所仅有。"一带一路"战略的提出，充分展示了全球化时代的文明自信与文明自觉。

中华文明长期受制于北方威胁，局限于内陆。海防还是塞防，近代以来困惑中国的防御布局；走向海洋还是西进，也不断在困扰中国的发展布局。"一带一路"明确中国同时从陆上和海上走出去，既发挥传统陆上文明优势，又推动海洋文明发展，使中国陆海文明协调发展，真正成为陆海兼备的文明型国家。从内陆走向海洋，欧洲是中国的不二合作伙伴。中国与欧洲早在古代就有海上往来。作为两大古老文明的现代代表，中国与欧盟开展海洋合作还有着历史基础和跨文明交流的特殊意义。中国的新"海洋观"并非是现代中国人凭空构想出来的，而是中国传统的海洋基因与中国现实的发展需要相结合而成。尽管常被认为是"有别于开放性海洋文明的内向型大陆文明"（费正清语），中国却从来不缺乏海洋传统。对于中国而言，提出与欧洲进行海洋合作的设想是走向海洋的重要一步。这不是简单地唤醒传统中国的海洋基因，而是要把握全球化时代动向、实现从内陆文明向海洋文明转型的一次尝试，这一转型将帮助中国实现对西方文明的包容。而对欧盟来说，海洋文明曾经带着欧洲国家走上了世界的巅峰，但过度的扩张也使其面临着严重的经济、社会

---

① 王义桅《"一带一路"：机遇与挑战》，人民出版社，2015年，第1页、封底。

危机。此时与有着强大生命力和活力的中国进行合作，不失为相互借鉴、共求发展的好选择。

"一带一路"是高技术之路，是以中国资本、技术换取欧亚大市场，推动中国制造成为国际标准，见证着中国从农耕文明到工业－信息文明的转型。

尤其值得一提的是，中国在5G技术方面具有先发优势，正与欧洲合作引领5G时代的来临。因为5G技术也是欧盟单一数字市场的支柱，关系到工业未来发展，公共服务现代化，汽车联网、智慧城市、移动医疗服务等创新应用。据估计，至2020年，全球70%的人口将拥有智能手机，260亿台设备将实现相互联通。中国的华为公司、中兴公司正走向世界，成为5G技术弄潮儿。

什么是5G技术？[1]

---

[1] 图片来源：Paige Tanner, What Is Ericsson's 5G Technology?, http://marketrealist.com/2015/09/ericssons-5g-technology/?utm_source=yahoo&utm_medium=feed&utm_content=graph-1&utm_campaign=ericssons-5g-technology#645804.

"一带一路"将中国十八个省份与亚非拉广大地区对接，并延伸到南太平洋地区，将世界与中国互联互通起来。随着北极航线的开通，"一带一路"重构了世界地缘政治、地缘经济版图，并推动中国企业走出去和走进去——生产、销售及服务走进"一带一路"沿线国家，是中国提供给全球化的公共产品，标志着中国从地区性文明向全球性文明转型。

预计2015—2019年"一带一路"基础设施投资超过3万亿美元。中国资金、技术、人才乃至理念走向全球，正在书写中华文明从东亚文明转型为全球性文明的美好前景。

"一带一路"基础设施投资超3万亿美元（2015—2019）

"条条大路通罗马"。"一带一路"在21世纪，通过全球基础设施网络，正在再现这一辉煌，推动中华文明从区域性文明走向全球文明。

三、文明的创新

"一带一路"是改革开放新阶段全面建成小康社会的发展战略，贯彻创新、协调、绿色、开放、共享的五大发展理念，是中国地方走向世界的重要媒介，促进中国社会与外部世界的进一步融合。

"一带一路"肩负推动人类文明创新的现实担当。"一带一路"在推动全球化向更加包容性方向发展的同时也在创新人类文明，实现全球再平衡。

就以21世纪海上丝绸之路为例。"一带一路"正在开创"天人合一""人海合一"的人类新文明。2014年6月，国务院总理李克强在希腊雅典出席中希海洋合作论坛并发表了题为《努力建设和平合作和谐之海》的演讲，全面阐述了中国新型"海洋观"，得到了欧方的积极响应。[1]

建设"和平"之海，就是中国倡导与其他国家一道，共同遵循包括《联合国海洋法公约》在内的国际准则，通过对话谈判，解决海上争端，谋取共同安全和共同发展。反对海上霸权，确保海上通道安全，共同应对海上传统安全威胁以

---

[1] 李克强《努力建设和平合作和谐之海——在中希海洋合作论坛上的讲话》，《人民日报》，2014年6月21日。

及海盗、海上恐怖主义、特大海洋自然灾害和环境灾害等非传统安全威胁，寻求基于和平的多种途径和手段，维护周边和全球海洋和平稳定。

建设"合作"之海，就是中国积极与沿海各国发展海洋合作伙伴关系，在更大范围、更广领域和更高层次上参与国际海洋合作，共同建设海上通道、发展海洋经济、利用海洋资源、开展海洋科学研究，实现与世界各国的互利共赢和共同发展。其中，共建21世纪海上丝绸之路是中国建设"合作"之海的建设性举措。

建设"和谐"之海，就是中国始终强调尊重海洋文明的差异性、多样性，在求同存异中谋发展，协力构建多种海洋文明兼容并蓄的和谐海洋，从而维护海洋健康，改善海洋生态环境，实现海洋资源持续利用、海洋经济科学发展，促进人与海洋和谐发展，走可持续发展之路。

全球化是欧洲人开启的，美国又后来居上，迄今世界的海上物流主要在跨大西洋、跨太平洋之间。"一带一路"在太平洋与大西洋之间搭起了两条经济带，让世界更均衡发展，推动内陆文明的复兴、海上文明与内陆文明的对接。"丝绸之路"不仅是欧亚大陆贸易通道，也是欧亚文明交流的纽带。"丝绸之路经济带"不仅在全球化时代继承了古老贸易与文明通道，更在开启陆上全球化以对冲海上全球化风险，开启文明交流互鉴以实现欧亚大陆的和平与繁荣，并以经济建设、政治建设、文化建设、社会建设、生态文明建设"五位一体"的理念开启可持续发展的人类新文明。"经济带"概念就是对地区经济合作模式的创新，其中经济走廊——中俄蒙经济走廊、新欧亚大陆桥、中国—中亚经济走廊、孟中印缅经济走廊、中国—中南半岛经济走廊、海上经济走廊等，以经济增长极辐射周边，超越了传统发展经济学理论。中国是世界最大贸易国家，却奉行不结盟政策，提出与作为海上霸主的美国建设新型大国关系。这就要求中国提出21世纪海洋合作新理念，创新航运、物流、安全合作模式，通过特许经营权、共建共享港口等方式，推进海上与陆上丝绸之路对接。

"21世纪海上丝绸之路"贵在"21世纪"：表明中国既不走西方列强走向海洋的扩张、冲突、殖民的老路，也不走与美国海洋霸权对抗的邪路，而是寻求有效规避传统全球化风险，开创人海合一、和谐共生、可持续发展的新型海洋文明。

更一般地说，"一带一路"从三个方面创新了文明的逻辑：

一是以文明交流超越文明隔阂。交流的前提是平等。近代以来，西方以先进文明自居，凭借工业文明优势通过坚船利炮打开各国大门进而殖民世界，摧毁了各种古老文明，打乱了其他文明的发展进程，造成巨大的文明隔阂和灾难。21世纪的今天必须开创有别于近代的合作模式。这是习近平主席2013年9月在哈萨克斯坦访问时提出"丝绸之路经济带"的主要思想："为了使欧亚各国经济联系更加紧密、相互合作更加深入、发展空间更加广阔，我们可以用创新的合作模式，共同建设'丝绸之路经济带'，以点带面，从线到片，逐步形成区域大合作。"①

二是以文明互鉴超越文明冲突。互鉴的前提是尊重。尊

---

① 《弘扬人民友谊 共同建设"丝绸之路经济带"》，《人民日报》，2013年9月8日。

重文明差异性在现实生活中的体现，就是尊重发展模式多样性，鼓励各国走符合自身国情的发展道路，建立文明伙伴关系，实现"美美与共、天下大同"。习近平主席2013年10月在印尼提出"21世纪海上丝绸之路"时就特别强调建立"海洋合作伙伴关系"。其后，在多个国际场合他都明确表示，"一带一路"不搞势力范围，而是推动大家一起加入朋友圈，编织互利共赢的合作伙伴网络。

三是以文明进步超越文明优越感。进步的前提是学习。"凡益之道，与时偕行。"学习其他文明，学习时代新知识，才能与时俱进，适应时代发展需要，否则就会故步自封，在自我为中心的优越感中被时代淘汰。当今世界，新产业革命和产业结构调整蓄势待发，国与国争夺的焦点在于创新，创新成为国家竞争力的来源和缩小南北国家差距的重要手段。中国逐渐成为创新领先者，所提出的"一带一路"着眼于21世纪的全球化，推动人类文明创新和各种文明的共同进步。

总之，兼收并蓄、融会贯通，是中华文明生生不息的根源，也是"一带一路"文明逻辑的精髓。正如《周易》所言："天行健，君子以自强不息。地势坤，君子以厚德载物。"

第四章
"一带一路"的战略逻辑

惟自古不谋万世者不足谋一时，不谋全局者不足谋一域。

—— 清·陈澹然《迁都建藩议》

虽然我们为了怕引发外界猜疑，不用"'一带一路'战略"的提法，改用"'一带一路'倡议"，但它的确具有战略效应，具有丰富的战略逻辑。"一带一路"以时间空间并进、陆海内外联动、东西双向开放，超越了古代大战略；在新的时代背景下继承并弘扬了毛泽东军事战略思想——你打你的原子弹、我打我的手榴弹，通过千里跃进大别山，建立根据地、大后方，堪称新的长征（西行漫记 2.0），践行 21 世纪的"隆中对"。

一、时间空间并进，陆海内外联动，东西双向开放

"惟自古不谋万世者不足谋一时，不谋全局者不足谋一域。"清朝战略家陈澹然在《迁都建藩议》一文中的这句话，是中国战略观的经典表述。过去，中国的大战略往往是"以时间换取空间"，这固然与"天下"观下空间不是选项有关，

也表明中国未成为真正的世界大国。"一带一路"战略的提出，改变了这种局面，表明中国统筹时间与空间，统筹国内与国际，统筹内陆与海洋，统筹政策、设施、贸易、资金、民心等"五通"的历史性飞跃，标志着中国正在成长为世界大国。从空间角度讲，"一带一路"是要在陆上和海上同时"并进"。一句话，从国防的角度讲，以前要权衡塞防和海防，今天则要同时走向陆地和海洋。"一带一路"既然超越了历史上的大战略，挑战、风险也是史无前例的。

古代丝绸之路都有陆上、海上分别兴盛之时，但很少同时兴盛。本质上，中华文明是内陆文明，海洋文明基因发育不充分，郑和下西洋只是黄土文明的海上漂移而未改其本色。中华民族繁衍栖息的东亚大陆，一面临海，三面陆地，形成相对封闭的地理环境，造成了与外部世界相对隔绝的状态。而本土辽阔的地域、复杂的地形和多样的气候，形成了中国各具特色的地缘文化和区域观念。在自给自足、缺乏向外需求，相对保守、崇尚和平的农耕文化环境中，人们习惯于和谐、宁静与相对稳定的生活。海洋在"重陆轻海"的农耕社会只是一道天然的安全屏障而已。这些因素也决定了中国古代文化比较内敛、追求身心自我完善、伦理至上、注重养生的农耕文化形态。如今，"一带一路"倡导陆海统筹，实现中华文明从内陆文明到海洋文明的转型，开创千年未有之变局。

优化经济发展空间格局已成为未来中国经济改革攻坚的重要内容。其中，"一带一路"相比于另外两大战略——京津冀协同发展、长江经济带而言，主要风险在国外，更具时空、内外、陆海、东西四大要素的统筹使命，可谓既新又旧。所谓

"新","将陆海丝绸之路结合为'一带一路'赋予新的时代意义并上升到国家战略层面,这在数千年的丝路历史上还是第一次"①。所谓"旧",当然是指"一带一路"并非空中楼阁,而是以丝绸之路深厚历史文化渊源为基础的。"一带一路"由中国倡议,着眼于沿线国家共同现代化、文明共同复兴、全球化的包容性发展这三大使命,属于世界,属于未来。

世界向东,中国向西。许多人把"一带一路"比作中国应对美国重返亚洲的"西进战略",其实这是以西人战法度中华智慧——"一带一路"以围棋智慧,着眼全局,不在于一城一池之得失,而在于谋篇布局,取得东西呼应、陆海联通之效。对此,韩国《中央日报》有独到分析:

在围棋中,如果被对方的棋路牵着走,那就意味着失败。中国尽量避免在亚洲舞台上与美国进行对决。如果美国集中于亚洲,那么中国就会悄悄从亚洲抽手,走向世界。如果考虑到美国在亚洲地区对中国的包围,那么中国的战略是通过建设经过中亚延伸向俄罗斯和欧洲的"丝绸之路经济带"(一带)以及经过东南亚和印度延伸向非洲的"21世纪海上丝绸之路"(一路)在更广泛的地球村层面上包围美国。西方的国际象棋意在抓住对方的王,即瞄准完全胜利。相反,围棋则是确保比对方更多的位置,追求比较优势。就像基辛格所说,如果说象棋手旨在通过正面冲突消灭对方的马,那么

---

① 刘伟、郭濂主编《"一带一路":全球价值双环流下的区域互惠共赢》,北京大学出版社,2015年,第217页。

围棋高手则是向着棋面上"空白"地方不断移动，确保相对优势。西方部分人预测，包含在中国"一带一路"计划中的中亚和东南亚国家的贫困和政局不稳会导致失败。但在中国看来，这些国家则相当于版图的空白处。西方的军事理论强调对人口密集区或首都、核心经济设施的攻击和防御。但围棋则重视从周边包围中央的战略。习近平的"一带一路"战略构想根据"三边通中央必胜"，即用三边各自通过中央就一定会取胜的围棋打法。因为如果将亚洲、欧洲和非洲三个大陆通过"一带一路"计划连接，就一定会取胜。围棋的另一特点就是持久战。中国普遍认为，时间对自己有利。[1]

"一带一路"中"带"是主要任务，因为陆上不够互联互通，而"路"（海）是通的，关键是提质增效、陆海联通的问题。当然，"海"不只是海面，也包括深海、国际海域——占地球面积的49%，而人类所知甚少。因此，无论是"带"还是"路"，均具有广阔的发展空间。

二、你打你的，我打我的

"你打你的原子弹，我打我的手榴弹。"这是毛泽东面对朝鲜战争期间美国不断对华核讹诈而提出的豪迈战略。这一战略，是毛泽东军事战略思想"你打你的，我打我的"延续和升华，迄今仍带给我们深刻启示。

---

[1] 刘尚哲《酷似围棋的习近平外交》，［韩］《中央日报》，2015年6月3日。

自从TPP（跨太平洋战略经济伙伴协定）宣布达成协议以来，国内舆论热议，一些人高呼"狼来了"，宣称中国面临"第二次入世"的尴尬。这不仅是对TPP的误读，也是对中国在世界经济中地位和处境的误解。

且不说TPP达成协议不等于批准生效，就说TPP真能产生排斥中国、孤立中国的目的吗？中国是世界128个国家的第一大贸易伙伴，是绝大多数亚太国家的第一或第二大贸易伙伴，这么大的块头是能被排斥、孤立得了的吗？TPP的高标准，不是中国全方位改革开放所追求的吗？关键在于节奏！一些人通过忽悠TPP想影响中国新一轮改革开放的节奏！

中国战略超越了围绕美国转的时代，某种程度绕开美国玩了。换言之，中美关系出现改革开放以来的最大变化——战略脱钩：你打你的，我打我的。美国重返亚太，推TPP与TTIP（跨大西洋贸易与投资伙伴协定）等高标准贸易与投资安排，而中国重返欧亚大陆，千里跃进大别山——中东、中东欧、中亚、西亚、南亚，搞"一带一路"。虽然双方都强调不排斥对方，但中美战略交集在缩小，而战略分歧在扩大。中国将注意力从原先的美西方转到周边发展中国家和新兴国家身上，与欧亚大陆另一端的欧洲打得火热——中欧战略对接，产能合作，开发第三方市场，颇有漠视美国的味道。

形势比人强。这也是全球化困境的应对。曾几何时，全球化就是美国化的说法甚嚣尘上。如今，不是全球美国化，而是美国全球化了。全球化不只是有利于西方发达国家，反而让它们遭受全球化副作用，新兴大国则乘全球化之势崛起。

"一带一路"是新时期的长征，就是要引导企业往全球分工体系里最有潜力的市场走，播撒中国合作共赢的理念。今天，美国最薄弱的环节是在中亚、中东。我们现在要利用这个战略态势，挺进其最薄弱的环节。这是战略上的考虑。从经济上看，以前的东亚经济体，大部分是靠美国的消费来拉动，大家都跟美国做生意，基本上是这个模式。但是现在，这个模式遇到一定的瓶颈了，必须要找到新的市场。新的市场在哪里？就在相对落后的中国的周边地区，再往西就是中亚、西亚一些相对落后的市场。他们缺少资金、技术，最缺的是基础设施。

"一带一路"倡议的提出，标志着中国与世界关系的三大变迁：

一是中国从"融入全球化"（globalization in China）到"塑造全球化"（China in globalization），从"向世界开放"到"世界向中国开放"的态势转变。近五十年来，中国通过武斗——朝鲜战争、文斗——中苏论战，确立了独立自主的和平发展道路，但是中国始终不是世界潮流的开启者。五十年前，两个拳头打人，不跟你们（美帝、苏修）玩，奠定中国特色社会主义的底气；改革开放后让西方带我们玩；现在是我们带亚欧非玩。两条"丝绸之路"的提出，标志着中国对外开放战略翻开了历史的新篇章。

"一带一路"提出的一个基本背景是中国与世界的关系变了，不单是中国融入全球化，而是要创造新的全球化标准。全世界都在搞各种各样的地区合作，美国也积极推动TPP、TTIP，全球层面的投资协定谈判，以及国际秩序和国际规则本身在变化，原来的国际体系已经很难持续了。中国已经不是一个简单的利益相关方，尤其是金融危机后，美西方认为中国是全球化最大的受益者，所以现在弄出很多规则让中国不能再"搭便车"，要付出更高的成本。因此，中国要积极创造新的贸易和投资规则，以及包括互联网治理在内的全球化新领域规则。

二是中国塑造欧亚一体化，巩固大周边依托。"一带一路"构成的互联互通将把作为世界经济引擎的亚太地区与世界最大经济体的欧盟联系起来，给欧亚大陆带来新的空间和机会，并形成东亚、西亚和南亚经济辐射区。推进贸易投资便利化，深化经济技术合作，建立自由贸易区，最终形成欧亚大市场。对域内贸易和生产要素进行优化配置，促进区域经济一体化，实现区域经济和社会同步发展。近年来，欧盟提出从里斯本到海参崴的欧亚一体化战略构想。俄罗斯也提出欧亚经济联盟战略。"一带一路"比这些更大、更切实、更包容，能够有效破解美国试图通过TPP、TTIP等更高标准全球化排斥中国的企图。中国在设置议程、机制和理念上，不再是搭美国主导的国际体系（如WTO）的"便车"，而是让亚非欧搭中国的"便车""快车"。

"一带一路"还是中国经营大周边的战略举措。周边是我国安身立命之所、发展繁荣之基。"一带一路"以历史上的文明共同体理念为基础，按照经营全球化、欧亚一体化的战略布局，打造中国大周边的利益共同体、责任共同体、安全共同体，最终建设命运共同体，必将极大提升中国的国际影响力和软实力。

三是重塑中国全球化战略的比较优势，全面提升中国竞争力。"一带一路"是中国在全球分工体系中通过全方位开放塑造新的比较优势。在新一轮全球化竞争中，中国从全球产业链低端向高端迈进，比较优势也从劳动－资源密集向技术－资本密集升级。

以前中国的比较优势是便宜的劳动力，世界各地的原材料和资源到中国来加工，然后再输送到世界各地。这种模式肯定是不可持续的。原来中国希望通过开放市场来换发达国家的技术，但核心的技术是无法用市场换来的。而现在，中国在技术上不是很落后了，有些领域甚至已经领先，资本也比较充裕，最多时有四万亿美元的外汇储备。当资本和技术上都有了一些优势，就需要寻找更大的市场，把技术和资本的优势变成一种标准的优势，比如高铁和电网经过推广成为"中国标准"，使中国在新一轮的全球化竞争中从产业链的低端、中端向高端发展。

从国内背景说，"一带一路"是为了解决改革开放两大问题：解决发展模式的不可持续性问题，以及全球化效应递减问题，因此也标志着中国从融入全球化到塑造全球化，从中国向世界开放到世界向中国开放的态势转变。从国际背景说，是中国塑造欧亚一体化，巩固大周边依托，推进贸易投资便利化，深化经济技术合作，建立自由贸易区，最终形成欧亚大市场。同时也表明美式全球化一是"玩不动"：传统全球化边际效用递减而副作用突显，WTO的衰落与地区、双边自贸协定、投资协定的兴起，区域性合作安排成为主流。二是"不想玩"：TPP+TTIP=EBC（everyone but China），指责中国"搭便车"就是典型表现。当然，更直接的原因是全球金融危机使西方购买中国制造的能力急剧下降突显中国产能过剩。全球金融危机爆发迫使中国发掘"一带一路"新市场，转移优质富余产能。"一带一路"的市场机遇正在于人口与产出的巨大反差：63% vs. 29%。"一带一路"沿线 65 个国家占世界总人口的 63%，产出却只占世界的 29%，① 而中国 GDP 超过沿线国家总和的一半，是 128 个国家的第一大贸易伙伴，因此是能玩转"一带一路"的。

三、21 世纪的"隆中对"

若诸葛亮在世，他会如何分析 21 世纪的大格局及其所面临的问题和挑战？军事上，世界上有三极：美国、中国和俄罗斯。经济上也有三极：北美、东亚和欧洲。中国在这两个大三角里都占了一极，这就是天然优势。尽管迄今中国 GDP 才占据世界的 15%，距离史上最顶峰时期的三成还有巨大差距，但是中国在世界大三角——"中俄美"军事大三角、"中欧美"经济大三角中，已是三分天下有其一。

中国崛起如何做到三分天下有其二呢？"一带一路"就是在世界制造业中心（北美、欧洲、东亚），地区一体化三翼（NAFTA、EU、EA）的三分天下中，中欧合作开发欧亚非第三方市场的国际合作倡议。这可谓 21 世纪的隆中对。

真所谓大国崛起须站巨人肩膀上，得欧洲者得天下。中国对西方外交收功于欧洲，这从欧洲对"一带一路"的欢迎

---

① 龚雯、田俊荣、王珂《新丝路：通向共同繁荣》，《人民日报》，2014 年 6 月 30 日。

可见一斑。近年来，中国与葡萄牙、西班牙、法国等国不断强调合作开发第三方市场，尤其是"一带一路"沿线国家市场，为此做了很好的注解。

怎么去联合欧洲？现在提出一个重要的概念叫"得欧洲者得天下"，中欧合作开发第三方市场。什么意思？中国从产业链的低端一下进入中端，继续向高端迈进，与欧洲、美国的竞争势必越来越激烈。中国要规避这种竞争，要开拓新的市场，一个重要的逻辑就是：中国和欧洲能不能联合开发"一带一路"的市场？为什么要联合欧洲开发呢？因为欧洲有话语权，有核心的技术。最重要的是，欧洲和"一带一路"国家打交道非常有经验。而且，欧洲人能够接受中国的崛起，因为霸权已经从欧洲转移到美国了。尽管口头上欢迎中国崛起，但美国是建立在"绝不做老二"的宗教性价值观之上的国家，很难容忍中国的崛起。从这个角度讲，中国必须要争取话语权，争取规则制定权，争取合作开发更多的市场。这就是"拉住欧洲"。怎么拉住欧洲？要把欧洲放在欧亚大陆上面看，不要放在海洋上看。放在海洋上，欧洲就老想着跟大西洋对面的美国合作。所以，要让欧洲回到整个欧亚大陆的大市场。这是中国建设"一带一路"的重要方面。

"尽管'一带一路'与容克计划不是一个数量级的，前者是21万亿美元的投资计划，而后者才3150亿欧元，且原始保证金都没到位。两者相差70倍。"中欧数字协会（ChinaEU）主席鲁乙己（Luigi Gambardella）在布鲁塞尔智库欧洲学院－马达里亚加基金会2014年4月举办的"如何对接'一带一路'与容克计划"研讨会上回应笔者的发言时坦言。"但是，中欧互联互通伙伴关系正在激励中欧投资协定谈判，中欧可以在容克计划的诸多领域——欧洲再工业化、铁路网与港口改造、单一能源市场、单一数字市场等方面探讨广泛合作可能性。尤其是以 5G 通信技术为标志的单一数字市场建设方面前景更为看好。中欧共建'智慧丝绸之路（smart silk road）'是合作创新的希望所在。"正如中国驻欧盟使团杨燕怡大使此前在"中国、数字经济与欧洲投资计划研讨会"上所言，"中欧应尽快升级其在高新科技以及信息通信技术方面的合作，以适应全球的经济数字化时代。无论是德国柏林的绿色能源项目还是葡萄牙亚速尔群岛的交通网项目，无一例外地展露了中欧合作在发展高新科技以及绿色智能城市方面存在的巨大潜力。"①

"一带一路"倡议旨在建立泛欧亚能源、交通联系，通过铁路、高速公路、油气管道、电网、互联网、海洋与港口等基础设施实现互联互通。其中，通过中亚、俄罗斯通向波罗的海，通过中亚、中东通向地中海的经济走廊，以及希腊比雷艾夫斯港链接匈塞铁路和 23 对欧亚快线等，可以成为"一带一路"对接"容克计划"的先驱。

更一般的，中国企业，尤其是银行业，可以通过技术与投资双重渠道参与容克计划，既可投资其政府保证金，也可以通过项目参与投资，还可以组成基金整体投入容克计划，这更受欧洲人欢迎。正如欧洲国家加入亚投行帮助亚投行成为真正意义的国际一流银行一样，中国参与容克计划也具有

---

① 《中国日报》布鲁塞尔 2015 年 6 月 4 日电。

良好的示范效应，十分为欧盟所器重。

欧洲是真正治理过世界的，也是传统丝绸之路终点站，对"一带一路"的参与也同样为中国所看重。欧洲企业、法人通过 BOT、PPP 项目参与"一带一路"建设，是确保"一带一路"项目资质的重要渠道。欧洲国家在互联互通话语权、标准制定权上的巨大影响力，更为"一带一路"建设所看重。

当然，欧洲是多层治理产物。对接"一带一路"与欧洲投资计划——容克计划要多层沟通，既要跟欧盟机构接触，也要跟欧盟国家接触；既要跟中央政府接触，也要跟地方政府接触；既要跟精英接触，也要跟民间接触；既要跟企业接触，也跟行业接触，重视行会、商会作用。

对接"一带一路"与容克计划，利益与标准的融合至关重要。开放、法制、知识产权、环境与劳工标准，乃至国有企业规范、公平待遇等问题，呼吁中欧建立相应的机制，确保从投资、经贸领域更好对接"一带一路"与"容克计划"，推动中欧务实合作走向新台阶。

中欧合作建设"一带一路"有两大亮点，其一是中欧互联互通平台（China–EU Connectivity Platform）。2016 年 1 月底在布鲁塞尔召开了首次会议，并成立了专家工作组，探讨将"一带一路"与"容克计划"中的互联互通项目（TEN-T）尤其是欧洲铁路网改造计划进行对接，建立中欧走廊。另一个亮点就是近年发展起来的"中国—中东欧国家"（"16+1"）合作。

"16+1"合作可以说是继中国—东盟"10+1"（中国—东盟）合作之后中国提出的又一成功合作机制。作为"一带一路"落实在地区合作框架的写照，"10+1"与"16+1"可谓"一路""一带"的两个样板。在"一带一路"60多个沿线国家中，中东欧国家占1/4，是全球新兴市场的重要板块。16个中东欧国家中，11个是欧盟成员国，5个是申请加入欧盟的国家。在近年相继推出的《中欧合作2020战略规划》，打造中欧"和平、增长、改革、文明"四大伙伴等中欧关系大框架下，"16+1"合作获得了新的合法性：不仅不是原先欧盟担心的对欧分而治之，反而是帮助增强欧洲区域融合的新平台。新的融资平台如中国—中东欧投资银行或金融机构正在酝酿，这是继欧洲国家加入亚投行后中欧金融合作的又一壮举。匈塞铁路延伸并连接希腊比雷艾夫斯港，成为陆上与海上丝绸之路连接的节点。这就赋予中东欧国家除了作为进入欧洲心脏的门户、桥梁与纽带角色外的新使命，也为"16+1"合作机制拓展提供了可能。"16+1"合作还为中国地方走出去提供了很好的案例。中国—中东欧国家地方领导人会议、地方省州长联合会所展示的地方合作机制成为"16+1"合作的新引擎。

　　当然，美国是世界所有国家的邻国。"一带一路"建设绕不开美国，也不应绕开美国，而应积极争取美国政府、美国企业、美国人和美元的支持。美国政府总体上对中国提出"一带一路"倡议的意图、潜在效应、可行性等还在观察，所以迄今未表态。一些美国精英担心中国通过亚投行、"一带一路"建设另起炉灶，挑战美国主导的国际秩序，或认为"一带一路"若成功将导致中国发展模式挑战西方发展模式及其价值观，但也有人认为，中国的"一带一路"建设并不必然是与美国竞争的，也给美国带来机遇，比如中国在欧亚大市场建设中会抵消俄罗斯的影响力，这是美方所乐见的。还有人建议美国应寻求将"新丝绸之路计划"与"一带一路"对接，稳定阿富汗局势，加强与中国在地区安全治理上的合作。不管怎么样，中国的智慧是借力、借势，应对美方阐明"一带一路"建设有利于世界经济增长和地区稳定，争取美方支持。中美应该讨论如何合作建设"一带一路"，比如美国在软基础设施的规则、标准上的优势与中国在硬基础设施上的优势结合；美国在安全体系上的优势与中国在经济上的优势结合，开发第三方市场等，推动各自经济发展模式转型、全球化转型并在这一过程中实现中美关系转型，这也为各方所期待。

第五章
"一带一路"的经济逻辑

草树知春不久归，百般红紫斗芳菲。

——唐·韩愈《晚春》

如今都全球村了，为何还要复兴丝绸之路？如今都3D打印了，为何还要搞欧亚大陆互联互通？古代丝绸之路，中国有独特产品——丝绸、茶叶、瓷器等。今天中国卖什么？为何要买中国产品呢？这是笔者2016年2月2日在德国外交部讲"一带一路"时遇到的问题。

中国正从全球分工体系中的低端迈向高端，从劳动力优势向技术、资金优势转变。中国通过帮助"一带一路"沿线国家建造各自硬、软基础设施，以开拓欧亚非大市场，以技术、资金优势争取标准优势，就是"一带一路"的重要经济逻辑。以重大项目为抓手，以基础设施互联互通为先导，以境外经贸合作区建设为平台，"一带一路"开始收获早期成果。

"一带一路"是国际与地区经济合作倡议，其经济逻辑是最基本的，也是最丰富的，突出的有国内经济一体化、双环流、合作共赢等。

一、国内一体化

均衡发展，超越自然经济地理限制，这是"一带一路"的首要经济逻辑。

在中国年等降水量地图上，可以明显看到三条鲜明的等降水量线，代表了中国特别的地理意义：

1. 800毫米年等降水量线

沿秦岭—淮河一线向西折向青藏高原东南边缘一线，此线以东以南，年降水量一般在800毫米以上，为湿润地区；此线以西以北年降水量一般在800毫米以下，为半湿润地区。它的地理意义是：

传统意义上南方与北方的分界线，北方旱地与南方水田的分界线，水稻小麦种植分界线，湿润地区与半湿润地区的分界线，亚热带季风气候与温带季风气候的分界线，热带亚热带常绿阔叶林与温带落叶阔叶分界线，河流结冰与不结冰的分界线，等等。

2. 400毫米年等降水量线

沿大兴安岭—张家口—兰州—拉萨—喜马拉雅山脉东端一线，它同时也是我国的半湿润和半干旱区的分界线，是森林植被与草原植被的分界线，是东部季风区与西北干旱半干旱区的分界线，是农耕文明与游牧文明的分界线，西北地区与北方地区分界线。400毫米降水量线把我国大致分为东南与西北两大半壁。

3. 200毫米年等降水量线

从内蒙古自治区西部经河西走廊西部以及藏北高原一线，此线是干旱地区与半干旱地区分界线。也是中国沙漠区与非沙漠区的分界线。

等量降水线在地理学（特别是人口地理学与人文地理学）以及人口学上的写照就是胡焕庸线（Hu Line，或 Heihe-Tengchong Line，或 Aihui-Tengchong Line），即中国地理学家胡焕庸（1901—1998）在1935年提出的划分我国人口密度的对比线，最初称"瑷珲—腾冲一线"，后因地名变迁，先后改称"爱辉—腾冲一线"或"黑河—腾冲一线"。

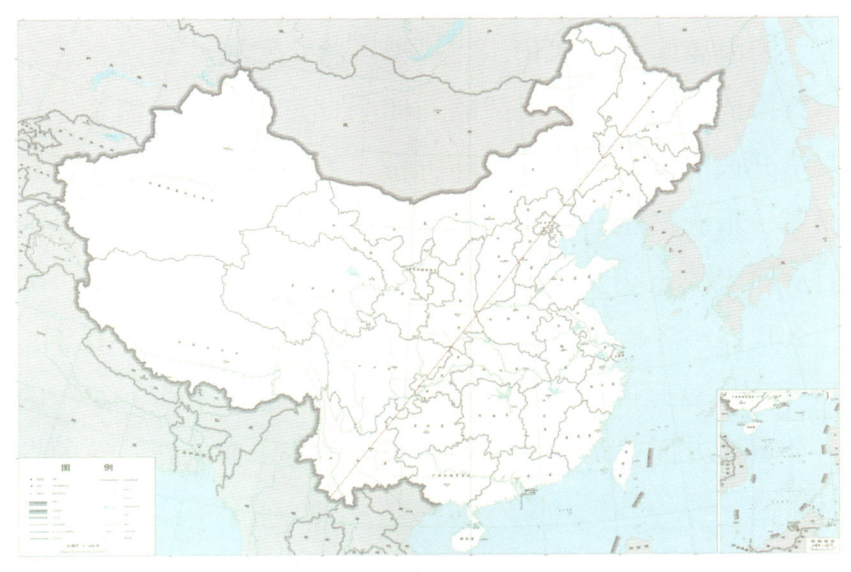

胡焕庸线

这条线从黑龙江省瑷珲（1956年改称爱辉，1983年改称黑河市）到云南省腾冲，大致为倾斜45度基本直线。线东南方36%的国土居住着96%的人口（根据2010年第六次全国人口普查资料，利用ArcGIS进行的精确计算表明，按胡焕庸线计算而得的东南半壁占全国国土面积的43.41%、总人口的93.68%。①），以平原、水网、丘陵、喀斯特和丹霞地貌为主要地理结构，自古以农耕为经济基础；线西北方人口密度极低，是草原、沙漠和雪域高原的世界，自古是游牧民族的天下。因而划出两个迥然不同的自然和人文地域。

以前，开发西部的思路是让西部老是盯着东部，让东部带着它一起出海，所以西部永远竞争不过东部。现在，西部成为"一带一路"的前沿了，直接走到欧洲去了，像重庆的竞争力马上要超过北京和上海了。

国内要实现一体化，"一带一路"与长江经济带、京津冀协同发展三大发展战略和四个自贸区形成中国全方位改革开放的大局，这让内陆省份一下兴奋起来了。无论是西安、重庆，还是武汉，都面临着中国新一轮的机遇，他们从原来的末端变成了前沿地带，找到了中国的潜力。为什么我们经济新常态以后没有陷入日本那样失落的10年、20年呢？就是因为中国有战略缓冲能力。"一带一路"的一个重要方面就是要把国内市场一体化，变成新一轮的发展机遇。

总起来说，中国目前约2/3的经济活动与人力物力都集中在东部沿海一带，而这部分却只占中国土地面积的约

---

① 戚伟、刘盛和、赵美风《胡焕庸线的稳定性及其两侧人口集疏模式差异》，《地理学报》2015年第4期，第551—566页。

1/3。反之，中国中西部占地约 2/3，其经济活动可能仅占全国的 1/3，导致沿海与内陆地区发展的不平衡。不仅如此，中国的运输和通信航线都集中在东部长三角和华南珠三角，形成两个瓶颈。中国进出口货品经过这两大瓶颈后，基本上都得通过水路运往东南亚与欧美地区，对东部沿海地区的过度依赖，是中国的战略弱点。

超越这一经济地理短板，实现国内平衡、协调发展，夯实中国国内战略基础，就成为"一带一路"的重要使命。

此外，降低国内物流成本，以国内一体化提升中国的国际竞争力，也是国内互联互通的应有之意。中国社会物流总费用占 GDP 的比重保持在 18% 左右，这一比例是发达国家的 2 倍，高于全球平均水平。

世界银行《2009 年世界发展报告：重塑世界经济地理》首次提出了 21 世纪重大的发展思路，就是根据新经济地理理论、新贸易理论、新经济增长理论来重塑世界经济地理。它提出了经济地理的三个特征：密度、距离和分割。密度指每单位土地的经济总量；距离指商品、服务、劳务、资本、信息和观念穿越空间的难易程度；分割指国家和地区之间商品、资本、人员和知识流动的限制因素。报告的结论是：这些经济地理变迁仍然是发展中国家和地区成功发展经济的基本条件，应当对其予以促进和鼓励。①

"'一带一路'建设本质就是一场规模宏大的、极其

---

① 世界银行《2009 年世界发展报告：重塑世界经济地理》(中文版)，清华大学出版社，2009 年，第 49、74、97 页。

深刻的、相互关联的重塑经济地理革命。"① 对中国而言，所谓有效地发动和促进经济地理革命——交通革命、能源革命、互联网革命、城镇化革命，就在于促进规模经济、要素自由流动和集聚，不断提高经济密度，加强各类基础设施建设，大大缩短物理距离和空间距离，大幅度降低运输成本、物流成本，实现投资、贸易、服务便利化，扩大市场规模和市场主体（国有企业、个体工商户等）规模，增强专业化程度，促进城乡一体化、区域一体化（指周边国家和地区）、全球一体化；大幅度地消减绝对贫困人口，不断提高收入水平，实现基本公共服务均等化，着力改善人民生活质量，努力缩小城乡收入差距、地区发展差距等。②

为了抢占先机，搭上国家战略的"顺风车"，国内诸多省区市纷纷提出自己参与"一带一路"的规划和设想。

全国31个省区市和新疆生产建设兵团"一带一路"建设实施方案衔接工作已基本完成，正陆续出台。根据方案，各地将在多个领域推动重点工作和重大合作项目。

各地高度重视重大项目对"一带一路"建设的支撑带动作用，涉及基础设施建设、产业投资、经贸合作、能源资源合作、金融合作、人文合作、生态环境、海上合作等八方面的一批重大项目已取得早期收获。

初步统计，"一带一路"将涉及64个国家约900个项目、

---

① 葛剑雄、胡鞍钢、林毅夫等《改变世界经济地理的"一带一路"》，上海交通大学出版社，2015年，第33页。
② 胡鞍钢《"一带一路"经济地理革命与共赢主义时代》，《光明日报》，2015年7月16日。

投资金额逾8000亿美元。

具体来看，基础设施建设方面：福建扎实推进厦门东南国际航运中心建设；重庆、四川、新疆、内蒙古、河南、湖北、浙江等地有序推进中欧班列建设等。

产业投资方面：辽宁优先推动先进轨道交通装备、新材料制造装备等十大重点装备和建设标准走出去发展；湖北、甘肃等推进省内产业龙头企业加快走出去步伐，积极开展国际产能合作，建立境外生产加工基地。

经贸合作方面：广东、四川、陕西、宁夏、青海、新疆、内蒙古等借力广交会、高交会、西博会、中蒙博览会等展会活动平台扩展与沿线国家经贸合作。

能源资源合作方面：江苏积极推进塔尔煤田工业园等中巴经济走廊能源规划优先实施项目建设。天津因地制宜积极开发沿线国家资源，推进蒙古铁矿采选、哈萨克斯坦油气收购等能源项目以及印尼农业合作产业区等。

金融合作方面：上海将在沪金融市场交易系统的报价、成交、清算等功能拓展至"一带一路"沿线国家和地区。重庆举办系列境外投资促进活动，创立海外并购基金和海外矿权交易中心，促进跨境投融资汇兑便利化等。

人文合作方面：甘肃通过敦煌国际文化博览会等展会平台将国内外游客引进丝绸之路经济带旅游"黄金段"。福建举办丝绸之路国际电影节，建设海上丝绸之路文化交流展示中心。

生态环境方面：云南推动大湄公河次区域湿地保护与能力建设；贵州成功举办生态文明贵阳国际论坛2015年年会，

来自50多个国家的代表就全球性、区域性重大生态问题开展前瞻性、趋势性、务实性探讨。

海上合作方面：远洋运输保障体系建设取得进展，海洋产业合作领域不断扩大。

"一带一路"打破原有点状、块状的区域发展模式。无论是早期的经济特区还是四大自贸区，都是以单一区域为发展突破口。"一带一路"彻底改变之前点状、块状的发展格局，横向看，贯穿中国东部、中部和西部，纵向看，连接主要沿海港口城市，并且不断向中亚、东盟延伸。这将改变中国区域发展版图，更多强调省区之间的互联互通、产业承接与转移，有利于我国加快经济转型升级，实现国内经济一体化。

二、双环流

许多对"一带一路"的质疑乃至唱衰，就是误认为中国从过去盯着西方发达国家转向欧亚落后国家，是倒退。其实，中国总体上处于全球产业链的中端，向低端——"一带一路"国家迈进，不等于中国放弃高端——发达国家，这正是"中国制造2025"的目标。在全球产业链中，中国处于游刃有余的地位：既可向上迈进，与发达国家既合作也竞争——但竞争一面越来越大，越来越尖锐；也可向下深挖互补合作潜力，这就是"一带一路"；与此同时，还可与发达国家联合开发第三方市场，不仅规避竞争，又发掘新的互补合作空间。总之，"一带一路"是中国的根据地，但中国并未放弃攻城——迈向科技创新大国。

"一带一路"就是中国从全球产业链中高端向低端转移优质产能的过程，将以互联互通为基础的相关行业人力、物力、财力、经验、标准的全方位比较优势充分发挥，全面提升中国在技术、资本、标准等领域的国际竞争力。

随着生产和贸易全球化的不断深入，中国进入以转型升级带动经济持续发展的阶段，产业已由劳动密集型转向技术密集型，正从全球价值链低端向中高端攀升。其结果，"世界经济的循环从传统的'中心—外围'式的单一循环，越来越变为以中国为枢纽点的'双环流'体系，其中一个环流位于中国与发达国家或地区之间（北美经济体和西欧经济体等），另一个环流存在于中国和亚非拉等发展中国家或地区之间。一方面，中国与发达国家之间形成了以产业分工、贸易、投资、资本间接流动为载体的循环体系；另一方面，中国又与亚非拉发展中国家之间形成以贸易、直接投资为载体的循环体系"[①]。

在融入全球价值链的基础上重新构建双环流价值体系，不是要放弃已拥有的国际市场份额和需求，而是要由中国依赖发达国家转化为发展中国家依赖中国融入全球价值链，拓展市场范围和需求，提高经济可持续发展能力。正如下图所显示的：

---

① 刘伟、郭濂主编《"一带一路"：全球价值双环流下的区域互惠共赢》，北京大学出版社，2015年，第3页。

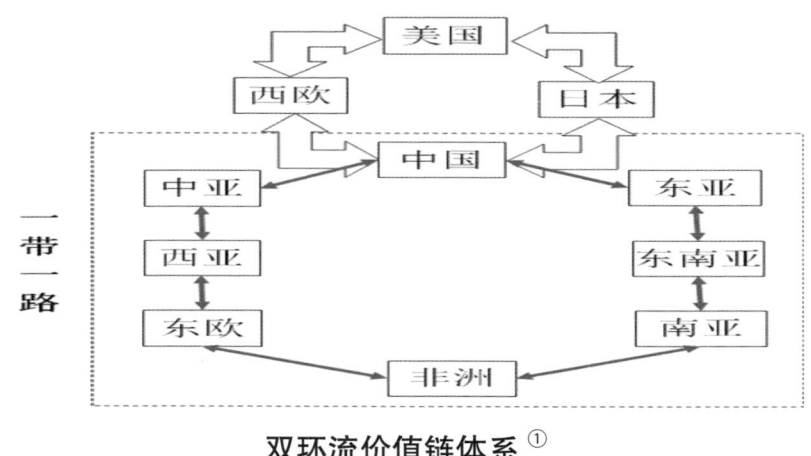

双环流价值链体系①

这样，依托中国现在全球价值链中所处的位置，一步一步地将自身低附加值的简单的制造业务外包给沿线国家，降低生产成本，这种做法并不会立即触犯发达国家的根本利益，因而可能不会遭到来自大型跨国公司的抵制和围堵。而且实施这一战略的相对成本，也是大多数沿线国家可以接受的，其相邻的地域和相熟的文化背景，也决定这一战略的可操作性。

"一带一路"首先着眼于基础设施投资，这是因为发达国家普遍面临基础设施改造升级的任务，发展中国家更面临着建造、换代等重任，这是比所谓的再工业化更能推动世界实体经济增长的路径。巨大的基础设施投资缺口，是亚投行、"一带一路"倡议取得如此世界效应的根源。

---

① 蓝庆新、姜峰《"一带一路"与中国双环流价值链体系构建》，《人文杂志》2016年第2期。

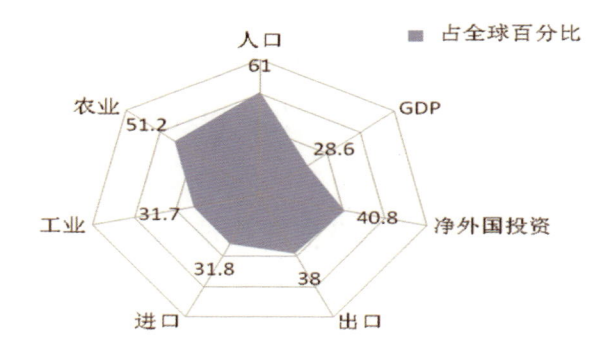

"一带一路"的地位日益重要 ①

除了国内经济一体化、全球产业链的双环流外,更广泛的"一带一路"经济逻辑是合作共赢,推动新型国际关系的实践。

三、合作共赢

习近平主席指出:"和平而不是战争,合作而不是对抗,共赢而不是零和,才是人类社会和平、进步、发展的永恒主题。""一带一路"倡议将中国在产能、技术、资金优势与沿线国家基础设施建设和互联互通的需求很好互补,推动中国产业转移,通过合作共赢创造共同发展的机遇。"一带一路"倡议提出后,资金先行,经贸主打,演奏出合作共赢的响亮乐章。

---

① 国务院发展研究中心编《2015 中国经济年鉴:"一带一路"卷》,中国经济年鉴社,2015 年。

先说金融合作。

《"十三五"规划纲要》第五十一章推进"一带一路"建设指出，建立以企业为主体、以项目为基础、各类基金引导、企业和机构参与的多元化融资模式。加强同国际组织和金融组织机构合作，积极推进亚洲基础设施投资银行、金砖国家新开发银行建设，发挥丝路基金作用，吸引国际资金共建开放多元共赢的金融合作平台。

"在推进'一带一路'建设的过程中，金融是'牛鼻子'，发挥着调节资源配置和优化投资效果的引导作用。"[①]

金融是联系的纽带，是合作的载体，是融合的渠道。

"要将'一带一路'建设深入推进，需进一步加强产融结合，为企业发挥'一带一路'建设主体作用创造更有利的条件。产融合作是产业链之间、产业与金融之间有机结合、深入融合的过程。从产业链内部看，特别需要加强大企业和小企业、国企和民企的协作。"[②]严格意义上看，"一带一路"是一个形式松散的经济联合体，尚缺乏政治协同纲领和经济协同安排，就像一个庞大的躯体，需要与之相适应的金融血脉让其真正充满生命力。

现在与"一带一路"有关的金融机构可以划分成三个层次：第一层次是中国投资有限责任公司、国家开发银行、中国进出口银行、中国出口信用保险公司和丝路基金，是完全国有的；第二层次是亚投行（亚洲基础设施投资银行）和金

---

① 张红力等《金融与国家安全》，中国金融出版社，2015年，第195页。
② 陈元《金融机构要树立全球视野》，《人民日报》，2016年3月23日。

砖银行（金砖国家开发银行），是两家由中国主导的国际性组织；第三层次是中国工商银行、中国农业银行、中国银行、中国建设银行等纯粹的商业银行。这些金融机构中，有些是补贴性的，有些是商业性的，都有自己的使命和目标，因此我们需要协调好这些机构共同支持"一带一路"。①

如成立专门的"一带一路"银行，定位于为"一带一路"发展提供全方位金融服务、促进全维度金融合作、统筹全区域金融稳定，则极有利于资金融通。

从机制上看，"一带一路"银行将是"投行＋IMF＋世行＋商行"四位一体的运营模式：一是具有投行功能，利用投行统筹配置资源的能力，发挥投行优化沿线国家经济发展顶层设计的专业作用，为"一带一路"国家调整发展路径、挖掘自身潜力、开拓共同市场、发掘共同机会提供直接融资助力和全面咨询帮助，将"一带一路"整体的金融合作共同提升到一个更高的专业水平；二是具有IMF功能，以促进"一带一路"区域内的宏观审慎金融监管为目标，建设专门的金融稳定评价体系和预警体系，设计金融系统性风险共同应对机制，创造"一带一路"独有的风险缓冲垫，缓解"一带一路"国家普遍存在的金融脆弱性问题；三是具有世行功能，以促进"一带一路"沿线国家共同发展和复兴为己任，通过帮扶工程、资源转移和技术输出等方式，缓解两极分化，关注共同命运，用金融专业手段实现"一带一路"情感上的互信互爱；四是具有商行功能，对接并串联现有"一带一路"沿线

---

① 陈元、钱颖一主编《"一带一路"金融大战略》，中信出版集团，2016年，第7页。

发展较为充分的商业银行体系，通过间接融资渠道为"一带一路"沿线项目开发、国家建设和经济起飞提供长期、稳定、成本较低的信贷资金支持。"一带一路"银行是综合性经营机构，兼具政策性和商业性，定位、针对性与作用均超越亚投行、金砖银行和丝路基金，业务也更广。

当然，打造"投行+IMF+世行+商行"四位一体的"一带一路"银行，是一个长期工程，目前迫切需要的是，集中力量达成共识，将机构先行建立，再循序渐进地丰富其功能。在具体推进过程中，既要集合集体智慧和力量，也要发挥政府支持、中国主导的作用。

在此基础上，建设基于"一带一路"的开放性、区域性、多层次资本市场，建设人民币"'一带一路'统一货币区"，都是资金融通的呼唤。金融合作，也在推广中国模式与中国发展、合作理念，为世界贡献金融公共产品。

再说经贸合作。

贸易是"一带一路"建设的重要抓手。"一带一路"为拓展对外经贸合作内涵带来契机。试举一例，工业园区、开发区等是中国国内改革的成功试验，这对其他发展中国家具有较大吸引力，因为大规模效仿中国模式有难度，但从特区、局部领域有可能，连发达国家也在探讨与中国合作建立产业园区，吸引中国投资、增加就业和研发水平。截至2015年底，中国同23个"一带一路"沿线国家建立了77个经贸合作区。

目前，青岛港与180多个国家及地区的700多个港口建立了贸易联系

事实表明，"一带一路"倡议下，中国经贸合作从量到质，从思维到机制，从重点到痛点，都有了很大变化。

归纳起来，"一带一路"经贸合作主要任务包括：

1. 基础设施建设优先：道路，海上空中，管线，输电，信息通道。

2. 促进贸易与合作：大型成套设备出口，扩大油气进口，扩大矿产品煤进口。

3. 拓宽投资合作：装备制造业、过剩产能、标准特有技术走出去。

4. 能源合作重中之重：里海突破，俄罗斯油气管道增强。

5. 推动水电、核电、风能、太阳能、煤炭、电力合作。

6. 拓宽金融合作领域。

7. 创新企业走出去方式：简化审批，链条式转移，集群发展，园区化经营；资源开发与基础设施结合；工程承包与建设营运结合，"资源、工程、融资"捆绑模式；以BOT、PPP建设铁路、公路、港口、电信、店里、仓储。

8. 积极推动海上合作。

9. 建设高标准自贸区网络。

10. 提高对外援助水平。

11. 强化人才支撑。

当然，拓展"一带一路"经贸合作内涵，不限于上述任务。总结经验，展望未来，必须在加快区域全面经济合作伙伴关系（RECP）谈判的基础上，构建"一带一路"沿线的FTA谈判，促进双边和多边的FTA谈判与实施；提升和拓展"一带一路"沿线国家和地区的境外经贸合作区建设，以推动相关国家的经济发展和提升福祉为目标，加强"一带一路"沿线国家和地区的国际产能合作。充分利用中国的制造业的技术、成本、服务优势，来推进"一带一路"沿线发展中国家和地区的工业化进程。尤其是，紧密结合当下及未来的国际贸易和国际商务的电子商务的新特点，特别需要利用科技创新，通过通关一体化建设，加快口岸等基础设施建设，提升投资和贸易的便利化，来拓展"一带一路"经贸合作内涵。通过结合跨境电商等新型国际贸易和投资模式，尤其是面对美国提出来的TPP、TTIP，提出中国在构建经贸规则方面的建议。鉴于"一带一路"沿线国家和地区有不少国家尚未加入WTO，中国提出共建"一带一路"可以考虑提供软、硬件的基础设施工程，尝试在E-WTO等贸易规则方面来共同完善国际经贸规则和体系，进而提升"一带一路"沿线国家和地区经贸合作的深度和广度。

第六章
"一带一路"的政治逻辑

政通人和。

——宋·范仲淹《岳阳楼记》

"一带一路"比苏伊士运河还要好吗？这是笔者2016年1月30日在第47届开罗书展《"一带一路"：机遇与挑战》阿文版首发式上做完"埃及的'一带一路'机遇"报告后，埃及朋友问的第一个问题。

笔者在演讲中细数"埃及的'一带一路'机遇"，提出埃及在"一带一路"倡议中具备三大优势：弯道超车、变道超车、文明复兴，引发热议。

一、弯道超车

"一带一路"带给发展中国家弯道超车的机遇。

弯道是每个车手都必须面对的。相对于直道而言，弯道上困难多。过弯道时，原来领先的车手可能因弯道而落后，落后的车手可能因弯道而领先。这一用语已被赋予别的内涵，"弯道"往往被理解为社会进程中的某些变化或人生道路上的一些关键点。这种特殊阶段充满了各种变化的因素，极富风险和挑战，充满了超越对手、超越自我的种种机遇。在基础设施、产业和话语权上，发展中国家就面临着弯道超车的历史机遇。

在美欧国家，物流成本占GDP的比率为6%—8%，而亚洲大多数国家，这一比率要达20%。这带来的结果是亚洲国家的产品和产业竞争力很难上去。令人忧虑的是，传统行业如此，新兴行业也是如此。中兴公司总裁史立荣在第二届世界互联网大会数字丝路专场发言时指出：互联互通，需要"设施联通"，更需要"信息畅通"。目前"一带一路"沿线65个国家的固网宽带平均速率普遍在10—20Mbps，移动宽带平均速率普遍在3—8Mbps，信息互通不畅，价格昂贵。如何构建一条畅通的"信息丝绸之路"，助力"一带一路"沿线国家经济腾飞，成为各行业迫切关注的重点问题。①

欧亚非互联互通，就是为了降低物流成本，提升亚非国家的比较竞争力。特别是中东地区，不仅自古是丝绸之路的枢纽，今天也是欧亚非链接的纽带和"一带一路"建设的重点地区，通过中国—中亚—西亚经济走廊、中巴经济走廊，中国与中东更紧密地联系在一起。"一带一路"在中东地区将加强能源基础设施互联互通合作，共同维护输油、输气管道等运输通道安全，推进跨境电力与输电通道建设作为重要任务。埃及4/5国土在非洲而1/5在亚洲，更是凭借苏伊士

---

① M-ICT《信息丝绸之路畅通正当时》，第二届世界互联网大会，乌镇，2015年12月17日。

运河的天然优势，不仅成为亚非大陆链接的桥梁，也是陆海丝绸之路的节点，具备弯道超车的机遇——正如中国高铁抓住铁路转型升级的机遇实现了对发达国家的超越并领先世界。特别是苏伊士运河改造完成，中埃苏伊士运河开发区的产业具备后发优势，将能扭转发达国家长期先发优势造成的不合理分工体系对埃及的束缚。在共建"一带一路"框架下，中国–中东国家对接双方发展战略，向转型升级要动力，加快中国–海湾合作组织自贸区谈判进程和重点工业园区建设，做强油气领域和基础设施领域合作。作为中东地区领袖之一的埃及，自然引领中阿"一带一路"合作，在电动汽车等领域成为弯道超车的先行者。

当然，降低物流成本并非欧亚互联互通的全部。随着3D打印技术的推广，互联网+经济来临，实现包容性全球化和本土化成为"一带一路"两种并行不悖的趋势。

世界正从传统媒体、产业和全球化走向新媒体、新产业和新全球化。近代以欧美百万、千万、亿级人口实现工业化为经验的西方话语体系遭遇当今几十亿级新兴国家人口在实现工业化方面的巨大挑战，普世价值的边界不断被厘清，这也为发展中国家从观念、理念上走出近代、告别西方，提出21世纪更具通约性、时代性和包容性的话语体系，实现软实力的弯道超车，提供了历史性机遇。

二、变道超车

"一带一路"还带给发展中国家变道超车的机遇。

为避免体系、发展模式乃至思维方式上依附于发达国家，发展中国家应抓住产业结构调整和信息革命的机遇，勇敢地实现变道超车。这其中，尤其要抓住中国经济由高速增长到中高速增长换挡期所带来的经济发展转型再平衡的机遇。

随着世界经济格局的调整和经济全球化的发展，中国正在从生产一般消费品的世界工厂向为全球提供先进装备的生产基地过渡，经济产业结构快速调整转型，埃及也不满足于只做亚非互联互通的过道，需要大力推进经济多元化发展。以马云所倡导的E-WTO为例，发展中国家在新一轮全球化布局中不再是规则的接受者，也在制定新的国际贸易、投资规则，通过合作共赢实现变道超车，这给埃及的跨越式发展带来希望。比如，华为已成埃及的第三大电信企业，发展势头迅猛，中埃共建信息港带动埃及在5G时代实现弯道超车，超越近代以来的追赶逻辑。更一般地说，中国工业化经验鲜活——欧美的工业化完成较早，经验借鉴意义不大，"阿拉伯之春"的乱象早已证明经济基础决定上层建筑的硬道理。因此，中国提出的中阿共建"一带一路"，构建以能源合作为主轴，以基础设施建设和贸易投资便利化为两翼，以核能、航天卫星、新能源三大高新领域为突破口的"1+2+3"合作格局，加强产能合作等倡议，尤其得到作为阿拉伯世界领袖的埃及的热烈响应。

"一带一路"热是世界"中国热"盛行的写照，折射出世界渴望分享中国机遇、中国模式与中国方案，以推动历史和文化的传承与复兴，解决各国面临的发展难题。中国应在国际场合大力宣扬"一带一路"帮助实现联合国后发展议程，倡导中国梦与世界梦相通，引导世界"中国热"走向，提升中国话语权。比如，世界上 11 亿人没有用上电，光印度就有 3 亿多。国家电网长距离、特高压输电网，可帮助实现成本最小化，推动人类共同现代化。再比如，北斗导航系统 2020 年实现全球覆盖，2018 年覆盖所有"一带一路"沿线国家，这有利于发展中国家发展远程教育，扫除文盲，脱贫致富，ICT（信息通信技术）系统也在鼓励后发国家实现"变道超车"的梦想。

以海上丝绸之路为例。人类对海洋的认识仅停留在海平面，海底世界基本上未知，而占据地球 49% 的面积是国际海域。海平面已经被西方人用得差不多了，中国在海底世界方面才有先发优势。谁赢得了海洋谁就真正赢得了世界。这为 21 世纪海上丝绸之路建设发挥变道超车效应指明了方向。

无论是北斗、ICT 还是国际海域，大数据的运用为"一带一路"国家实现变道超车带来了希望。中国的数据优势在于我们不仅有海量的网民和互联网信息企业，而且省地县各级政府都已建立了"数据中心"，各部门和单位都已建立了"专业数据库"，教、科、文部门还建立了"数字图书馆"。在此基础上，打通数据并促进各种"专业知识服务系统"、知识中心和智能城市的建设，就可以将大知识和大使用开动起来。以此类推，如果"一带一路"沿线支点国家和地区建立起"数字驿站"，将陆上与海上信息系统化、规模化、智能化，定当推动变道超车的梦想早日实现。

三、共同复兴

"一带一路"还带给各种文明共同复兴的机遇。

《论语·雍也》记录了这样的对话——子贡曰:"如有博施于民而能济众,何如?可谓仁乎?"子曰:"何事于仁,必也圣乎!尧舜其犹病诸!夫仁者,己欲立而立人,己欲达而达人。能近取譬,可谓仁之方也已。"这段对话所揭示的中国伦理观,在改革开放三十余年后中国一跃成为世界第二大经济体,通过"一带一路""亚投行"等得到体现。

正是从这个意义上,我们说,"一带一路"是中国奉献给世界的合作倡议与公共产品。中国崛起了,正在鼓励其他新兴国家崛起;中国发展了,正在鼓励其他发展中国家发展;中国繁荣了,正在鼓励周边国家繁荣。"一带一路"就是以中国崛起为动力,推动欧亚大陆包括非洲南太地区崛起、发展和繁荣,创新21世纪地区合作模式。

"第二次地理大发现"不是去重复后来居上的那套,而是着眼于世界共同发展之道。建设"一带一路"须遵循经济建设、政治建设、文化建设、社会建设、生态文明建设"五位一体"理念,开启可持续发展的人类新文明(绿色丝路)。"经济带"概念就是对地区经济合作模式的创新,其中经济走廊——中俄蒙经济走廊、新欧亚大陆桥、中国—中亚经济走廊、孟中印缅经济走廊、中国—中南半岛经济走廊、海上经济走廊等,以经济增长极辐射周边,超越了传统发展经济学理论。中国是世界最大贸易国家,却奉行不结盟政策,提出与作为海上霸主的美国建设新型大国关系。这就要求中国提出 21 世纪海洋合作新理念，创新航运、物流、安全合作模式，通过特许经营权、共建共享港口等方式，推进海上与陆上丝绸之路对接。

世界应该是通的，而不是平的；各民族应该成为自己，而不是淹没在全球化中失去多样性。"一带一路"将人类四大文明——埃及文明、巴比伦文明、印度文明、中华文明，串在一起，通过欧亚非的互联互通，推动内陆文明、大河文明的复兴，推动发展中国家脱贫致富，推动新兴国家持续成功崛起，正在纠偏传统全球化逻辑。一句话，以文明复兴的逻辑超越了现代化的竞争逻辑。以政策沟通、设施联通、贸易畅通、资金融通、民心相通"五通"所代表的互联互通，实现全球化的包容性发展、可持续发展，成为 21 世纪的主旋律。

中国已经是世界第二大经济体，要进一步实现中华民族的伟大复兴，一个重要的问题是如何让美国包容中国的这套东西。这是很难的。美国现在搞 TTIP、TPP 等一些贸易投资规则排斥中国，就是明证。原来的体系已经容纳不下中国了，中国必须开创新的体系。这个新的体系是什么？是以文明为秩序的世界体系。印度、土耳其等很多国家都喜欢跟中国谈文明。为什么不用"新丝绸之路"，而用"一带一路"？因为"丝绸之路"这个概念是德国人李希霍芬于 1877 年提出来的，不是中国的概念。而且，古代的丝绸之路是由波斯、阿拉伯等国共同开通的，中国只是其中之一。"一带一路"就是要鼓励更多的文明复兴，打破以国家为思考单元的限制，最终建立新的文明体系。这种体系能让中国发挥文明古国的优势。

"一带一路"还带来发展中国家文明复兴的机遇。改革开放后中国农村贫困人口减少7亿,今天网民数量也是7亿,将4亿绝对贫困人口脱贫,今天中产阶级也是4亿。中国能做到,为什么埃及不行?的确,埃及人的反思催促向东看。"要致富,先修路;要快富,修高速";"再苦不能苦下一代,再穷不能穷下一代"。换句话说,教育改变了贫困的恶性循环。这是笔者在第47届开罗书展阿文版《"一带一路":机遇与挑战》首发式上做"埃及的'一带一路'机遇"报告的这两句话很能打动埃及人的心。

文明共同复兴的重要路径是以共享技术推动共享经济。本书开篇论及,西方的现代化理念让"强者更强、弱者更弱","智者更智、愚者更愚","富人更富,穷人更穷",给各国稳定与世界安全带来不可承受之重。如今,"一带一路"以中国五大发展理念,尤其是共享发展为基础,在"一带一路"推广免费经济,如 Wi-Fi,鼓励沿线国家搭中国发展的快车、便车,倡导共享技术(而不只是行业间的技术共享),从设计理念、生产过程确保更多国家、更多人民机会均等、同等质量地享受技术发明和模式创新的成果,而不是传统的从分配、消费环节修正不公平发展后果,推广互联网生态,尽可能让更多的人和国家生活得更美好,从源头上贯彻共同复兴理念。

中国有大量互联网脱贫的成功案例,可以在"一带一路"建设中推广,致力于共同发展、包容性发展,打造包容性全球化。中国模式的确鼓励埃及等阿拉伯国家自主探索符合本国国情的发展道路。中国通过"一带一路"与阿拉伯国家开展先进、适用、有利于就业、绿色环保的产能合作,支持阿拉伯国家的工业化进程,让合作成果更多惠及中阿人民,实现中阿共同发展与繁荣,在开创人类新文明的过程中实现自身文明的伟大复兴。古丝绸之路是贸易与文明交流之路,丝绸之路的复兴在激励"文明的回归",超越现代化逻辑——告别"强者更强、弱者更弱",鼓励走符合自身国情的发展道路并与时俱进,通过激活"和平合作、开放包容、互学互鉴、互利共赢"的丝路精神,开创以合作共赢为核心的新型国际关系,探寻21世纪人类共同价值体系,建设中阿命运共同体。中埃作为文明古国,由于丝绸之路的衰落而沦为西方的殖民地或半殖民地;如今,丝绸之路的复兴激励古老文明共同复兴,助推中埃告别西方,走出近代。

2015年11月,第六届世界中国学论坛上,一位埃及学者感慨:"多少年来,西方国家在中东地区输出军火与动荡,是为了攫取石油;只有中国带来经济发展合作倡议,我们求之不得!"

以上"三大机遇"为这种"求之不得"做了最好的诠释。第47届开罗书展适逢习近平主席访埃及中埃文化交流年启动不久,埃及方面给予中国主宾国待遇。埃及文化部部长赫尔米·纳木纳、中国国家新闻出版广电总局副局长阎晓宏出席了"丝路书香""中国书架"开幕式,场面十分热烈,足显埃及人民对伟大中国的热情倾注于丝绸之路的复兴。

埃及的例子是发展中国家希望搭中国发展快车、便车的写照。反过来,中国也需要非洲。正如非洲谚语"独行快,众行远"所揭示的,中国的发展只有以广大发展中国家为伴,实现共同发展和文明的共同复兴,才能行稳致远。

　　当然,弯道超车、变道超车、共同复兴,不是自然而然发生的,需要我们积极争取,抓住时代机遇。重要的是,"中通外直",宋朝大儒周敦颐《爱莲说》的这句话提醒我们,一个国家练好内功,增加自身发展条件,走符合自身国情发展道路,才能搭上"一带一路"快车、中国发展便车,这是"一带一路"着眼于基础设施建设的原因。

第七章
"一带一路"的外交逻辑

以势交者,势倾则绝;以利交者,利穷则散。
以权相交,权失则弃;唯以心相交,方成其久远。①

——隋·王通《文中子·礼乐》

《推动共建丝绸之路经济带和21世纪海上丝绸之路的愿景与行动》明确指出,"一带一路"建设要坚持共商、共建、共享原则,积极推进沿线国家发展战略的相互对接,同时积极利用现有双边、多边合作机制,推动"一带一路"建设,促进区域合作蓬勃发展。

"一带一路"是历史上中国提出的最宏大跨洲际经济合作倡议,也是中国新多边主义,通过各种大型项目、工程、基础设施建设实现"五通",借助大写意手法描绘的国际合作倡议。秉持开放包容原则,倡导共商、共建、共享理念,表现在:中国与沿线国家寻求项目、资金、技术与标准对接,共同打造政治互信、经济融合、文化包容的利益共同体;共担风险,共同治理,打造责任共同体;以互利共赢理念实现共同繁荣、共襄盛举;共迎挑战,共担

---

① 后两句乃后人演绎,不过已十分流行。

风险，最终打造中国与沿线国家的命运共同体。

一、共商：利益共同体

"一带一路"涉及国家众多，如表5所示——当然不限于这些国家，因为"一带一路"是开放、包容的：

表5 "一带一路"沿线国家名单

区域	国家数量	国家名称
东南亚	11	东帝汶、菲律宾、柬埔寨、老挝、马来西亚、缅甸、泰国、文莱、新加坡、印度尼西亚、越南
东亚	1	蒙古
南亚	7	巴基斯坦、不丹、马尔代夫、孟加拉国、尼泊尔、斯里兰卡、印度
中亚	5	哈萨克斯坦、吉尔吉斯斯坦、塔吉克斯坦、土库曼斯坦、乌兹别克斯坦
西亚	20	阿富汗、阿拉伯联合酋长国、阿曼、阿塞拜疆、巴勒斯坦、巴林、格鲁吉亚、卡塔尔、科威特、黎巴嫩、塞浦路斯、沙特阿拉伯、土耳其、叙利亚、亚美尼亚、也门、伊拉克、伊朗、以色列、约旦
中东欧	16	阿尔巴尼亚、爱沙尼亚、保加利亚、波兰、波斯尼亚和黑塞哥维那、黑山、捷克、克罗地亚、拉脱维亚、立陶宛、罗马尼亚、马其顿、塞尔维亚、斯洛伐克、斯洛文尼亚、匈牙利
东欧	4	白俄罗斯、俄罗斯、摩尔多瓦、乌克兰
北非	1	埃及

什么国家重要？第一，有高端产业链。比如德国就是汽车制造业的产业链中心，抓住了它就抓住了产业链的布局。第二，是文化、文明的发源地。有的国家尽管现在经济上不

是最强的，但还有传统的交通、人文等优势，可能将来有发展潜力。所以企业投资的重点是这两类城市，最好既是人文中心，又是产业链的高端。中亚就是哈萨克斯坦，东南亚就是印尼，南亚当然是巴基斯坦，还有斯里兰卡，中东欧是波兰，西亚是伊朗、沙特阿拉伯，独联体有白俄罗斯，乌克兰也很重要。

不同于近代以来西方的殖民主义、帝国主义和霸权主义以国际掠夺、竞争为常态而以合作、妥协为非常态，也不同于战后西方对外援助等各种名目的国际合作模式，"一带一路"依靠中国与沿线国家已有的双、多边机制，借助既有的、行之有效的区域合作平台，高举和平、发展、合作的旗帜，主动发展与沿线国家的经济合作伙伴关系，以共赢主义超越零和博弈，融通中国梦与世界梦。

中国倡导"共商"，即在整个"一带一路"建设当中充分尊重沿线国家对各自参与的合作事项的发言权，妥善处理各国利益关系。沿线各国无论大小、强弱、贫富，都是"一带一路"的平等参与者，都可以积极建言献策，都可以就本国需要对多边合作议程产生影响，但是都不能对别国所选择的发展路径指手画脚。通过双边或者多边沟通和磋商，各国方可找到经济优势的互补，实现发展战略的对接和产业协同。

在2013年10月中央周边外交工作会议上，习近平强调，我国周边外交的基本方针，就是坚持与邻为善、以邻为伴，坚持睦邻、安邻、富邻，突出体现亲、诚、惠、容的理念。发展同周边国家睦邻友好关系是我国周边外交的一贯方针。

要坚持睦邻友好，守望相助；讲平等，重感情；常见面，多走动；多做得人心、暖人心的事，使周边国家对我们更友善、更亲近、更认同、更支持，增强亲和力、感召力、影响力。要诚心诚意对待周边国家，争取更多朋友和伙伴。要本着互惠互利的原则同周边国家开展合作，编织更加紧密的共同利益网络，把双方利益融合提升到更高水平，让周边国家得益于我国的发展，使我国也从周边国家的共同发展中获得裨益和助力。

要着力推进区域安全合作。我国同周边国家毗邻而居，开展安全合作是共同需要。要坚持互信、互利、平等、协作的新安全观，倡导全面安全、共同安全、合作安全理念，推进同周边国家的安全合作，主动参与区域和次区域安全合作，深化有关合作机制，增进战略互信。

的确，周边是我国安身立命之所，发展繁荣之基。中国崛起正在推动亚洲崛起，然而，没有亚洲整体崛起，中国崛起也不可持续。"一带一路"以发展促安全、以安全谋发展，正是基于这一认识，我们认为，"一带一路"正践行共同、综合、合作和可持续安全的亚洲新安全观，助推亚洲共同安全与繁荣，善莫大焉。

二、共建：责任共同体

如何推进"一带一路"建设？中国倡导"共建"。"商讨"毕竟只是各方实质性参与"一带一路"建设的第一步，接下来要进一步做好"走出去"的服务工作，同时鼓励沿线国家在引入资金、技术后培养相关人才，增强自主发展能力。只有这样，才能保证"一带一路"建设的成果能够被沿线国家所共享。

为此要着力深化互利共赢格局。统筹经济、贸易、科技、金融等方面资源，利用好比较优势，找准深化同周边国家互利合作的战略契合点，积极参与区域经济合作。要同有关国家共同努力，加快基础设施互联互通，建设好丝绸之路经济带、21世纪海上丝绸之路。要以周边为基础加快实施自由贸易区战略，扩大贸易、投资合作空间，构建区域经济一体化新格局。要不断深化区域金融合作，积极筹建亚洲基础设施投资银行，完善区域金融安全网络。要加快沿边地区开放，深化沿边省区同周边国家的互利合作。

共建的重要出发点是共担风险、共同治理，打造责任共同体。目前国际社会的许多问题超越了国别、国界的限制，单靠一国的力量难以解决，诸如生态问题、非传统安全问题等，这就需要各国承担起其对应的责任，彼此加强沟通配合，摒弃意识形态的羁绊，同心同力应对挑战，建立"责任共同体"。"一带一路"合作是沿线各国积极应对共同挑战、实践共治、善治的一次有益尝试。当下，世界政治格局正处于转型变革的关键时期，经济全球化和信息化条件下，原本就存在的包括气候变化、粮食安全、贫困等问题长期没有得到妥善解决，核扩散、金融安全、网络安全、海洋安全等非传统安全挑战还有愈演愈烈的趋势。全球公共问题的爆发呼唤着全球治理能力和治理体系的升级。"一带一路"建设对沿线国家的全面合作提出了较高的要求，要求相关国家进行政策协同、联通基础设施、共担金融风险、推动民间交流。这样的要求将把沿线国家间关系推向新的高度，使得沿线国家不得不共同面对全球性问题的挑战。所以，加入"一带一路"建设是相关国家尝试解决全球治理问题的创举，将有助于相关国家携手直面问题，共同出力提供公共产品，真正做到责任共担。

试以中巴经济走廊为例。中巴经济走廊位于丝绸之路经济带和21世纪海上丝绸之路的交汇处，被誉为"一带一路"的旗舰项目和先行项目。2015年4月，习近平主席出访的第一站就是"铁哥们儿"巴基斯坦。访问期间，中巴关系提升为全天候战略合作伙伴关系，双方确定了以中巴经济走廊为中心，以瓜达尔港、能源、交通基础设施、产业合作为重点的"1+4"合作布局，签署了50余项合作协议，其中涉及中巴经济走廊建设成果文件30余项，开启了中巴经济走廊建设的新局面。习近平主席多次强调："一分部署，九分落实，中国说过的话一定算数。"习近平主席访巴后，中巴经济走廊联委会双方秘书处多次召开工作组会议落实访问成果。① 因此，尽管外界多担心巴基斯坦的安全环境，但中巴经济走廊在中巴共建过程中，精诚合作，树立了"一带一路"建设的典范。

---

① 《为共同发展的梦想插上翅膀——中巴经济走廊建设述评》，《人民日报》，2016年2月2日。

三、共享：命运共同体

丝绸之路在很大程度上并非一条商业道路，却有着很重要的历史意义。这条路是全球最著名的东西方宗教、艺术、语言和新技术交流的大动脉。"往来于丝绸之路上最重要也是最有影响的人群是难民。"① 这是古丝绸之路所描绘的命运共同体。

今天，"一带一路"伟大倡议就是崛起的中国向世界展示的"脱胎于经济而落脚于文化的国家名片"②，以"五通"——政策沟通、设施联通、贸易畅通、资金融通、民心相通，联合60多个亚非欧国家（其中主要是亚洲国家）共同打造政治互信、经济融合、文化包容的利益共同体、命运共同体和责任共同体，真乃计利当计天下利，计势当计发展势，计权当计亚洲权。

60年前，亚洲人民"有难同当"——告别西方殖民统治而走向独立自主发展道路，如今可谓"有福同享"——以"一带一路"所描绘的亚洲内部及与欧非洲际"互联互通"蓝图，致力于共同发展和繁荣。

习近平主席提出"一带一路"合作倡议，将"有难同当""有福同享"概括为命运共同体理念，强调必须坚持各国相互尊重、平等相待；必须坚持合作共赢、共同发展；必须坚持实

---

① ［美］芮乐伟·韩森《丝绸之路新史》，张湛译，北京联合出版公司，2015年，第207、300页。
② 刘伟、郭濂主编《"一带一路"：全球价值双环流下的区域互惠共赢》，北京大学出版社，2015年，刘伟序言。

现共同、综合、合作、可持续的安全；必须坚持不同文明兼容并蓄、交流互鉴。可以说，"一带一路"将对深化中国同亚洲周边国家互联互通、打造亚洲命运共同体起到示范带动作用。

通过"一带一路"与亚投行的建设，一个通过建立经济联系而缓和政治纷争及至扩大中国领导力的宏伟蓝图已渐趋成型。对眼下的中国来说，更为关键的是对战略的推进与执行，这就要求中国处理好与沿线国家的关系，较低的政治互信无疑将会影响项目的推进。

当然，"一带一路"建设在亚洲还遇到众多的安全挑战，损害了政治互信：一是传统安全挑战，包括地缘冲突、领土与海洋权益纠纷，并随着美国重返亚洲战略的推进而复杂化、白热化；二是非传统安全挑战，包括"三股势力"、资源争端等，况且亚洲地区缺乏如跨大西洋地区那样的北约组织，安全架构重叠而失效，安全秩序不稳定。南海、东海问题，尤其是中美安全秩序冲突、中日安全竞争，中国与印度在印度洋的竞争与合作，也给21世纪海上丝绸之路建设提出不少挑战，客观上在呼唤海上安全组织的建立和亚洲安全与信任措施的建立。

中国崛起正在推动亚洲崛起，然而，没有亚洲整体崛起，中国崛起也不可持续。"一带一路"以发展促安全、以安全谋发展，正是基于这一认识，我们认为，"一带一路"正践行共同、综合、合作和可持续的亚洲新安全观，助推亚洲共同安全与繁荣，善莫大焉。

当然，共商、共建、共享原则的落实，需要切实可行的合作机制作为保障。

第八章
"一带一路"的认知逻辑

志合者,不以山海为远;道乖者,不以咫尺为近。故有跋涉而游集,亦或密迩而不接。

——晋·葛洪《抱朴子·博喻》

"民族彼此之间的理解也像人与人之间的了解一样是很少的。每一方面都只能按自己所创造的关于对方的图景去理解对方,具有深入观察的眼力的个人是很少的、少见的。"[1] 德国历史学家斯宾格勒的观察,揭示了中国国际话语权的困境:中国概念太中国化,不了解中国特殊文化背景的外国人很难理解,很难把中国的政治语言翻译成他国语言。到底是迁就西方的理解还是让西方迁就中国的理解,成为中国公共外交的典型悖论。

中国的象征——"龙",翻译为西方语境中会喷火的邪恶 dragon,容易被西方理解但也遭异化。这背后是文明的道统与通约性问题:外界能否放弃先入为主、自我为中心的认识习惯,以中国语境理解中国。如果中国政府用通用的国际语言来表述自己,将会失去中国特色,也会因为太西方化而

---

[1] [德]斯宾格勒《西方的没落》,商务印书馆,1995年,第308页。

受到国人的批评；但完全用中国特色的语言表达，国际社会往往不容易准确、全面理解中国的意思。

"一带一路"的概念就是如此。为尊重欧洲知识产权，我们没有用"丝绸之路"而是用极富中国特色的提法"一带一路"。但外国人纳闷："一条路？""什么带？"……"一带一路"倡议提出后，存在各种认知风险，催促我们从分析"一带一路"的名与实入手，把握好"一带一路"的辩证法。

一、"一带一路"的名与实

中国公共外交的这种异化悖论——类比容易理解，但异化；不类比，又无法理解——在"一带一路"翻译中再次突显。

"一带一路"绝非一条带、一条路。李希霍芬当年称"丝绸之路"也是单数，尽管有很多条丝绸之路，甚至名称各异：玉石之路、茶马古道、瓷器之路、香料之路……"丝'路'并非一条'路'，而是一个穿越了广大沙漠山川的、不断变化且没有标识的道路网络。"[①] 因此，"丝绸之路经济带"概念就是中国改革开放形成的"以点带线""以线带面"等经验的外延，通过各种经济走廊形成经济带，与海上经济走廊形成陆海统筹的系统化效应。至于"21世纪海上丝绸之路"，就是为了强调在21世纪里如何实现港口改造、航线升级换代，不仅提升航运能力，更要做到"人海合一"，与陆上丝绸之路强调的"天人合一"相呼应。

---

① ［美］芮乐伟·韩森《丝绸之路新史》，张湛译，北京联合出版公司，2015年，第207页、第5页。

"一带一路"内涵很丰富,源于古丝绸之路又超越丝绸之路,很难用一个英文表达精准而传神地概括其意思。有关部委下文统一将"一带一路"翻译为"Belt and Road Initiative"（BAR）或"Land and Maritime Silk Road Initiative"而不是此前广泛流行的"One Belt & One Road Initiative"（OBOR）,试图避免"一带一路"的公共外交悖论。

这种努力是有必要的,但似乎有点晚了,因为 OBOR 已经大量流行。笔者多次出国讲述"一带一路",多用 OBOR,发现与 BAR 相比差不多,外国人不是误解,而是不解、听不懂——"一带一路"是什么?当然,听不懂本身就是中国特色。像"龙"翻译为 dragon 听得懂,但听得懂往往曲解!

"一带一路"强调共商、共建、共享原则,是否其名称也应遵循此原则而非中方单方面确定?不能因为有抱怨就改,是否"一带一路"中文说法也改呢?外国人对"一带一路"概念的抱怨主要是其中没有"丝绸之路",对"带"的说法一头雾水,对"一"的提法更是莫可名状!其实,外国人抱怨的不是名称,而是内容——油画思维无法理解水墨画。

因此,"一带一路"的翻译悖论本质是名与实的悖论:名不正,则言不顺;言不顺,则行不端。虽然我们为了怕引发外界猜疑,不用"'一带一路'战略"的提法,改用"'一带一路'倡议",但"一带一路"还真的不只是倡议,而是实实在在的发展战略、合作规划。"一带一路"还是中国提供给国际社会的国际公共产品。

从这个角度讲,"一带一路"的英文翻译还是难以通过规定译法而一了百了。正如中国梦英文翻译为 Chinese

Dream 而非 China Dream，似乎准确了，其实"中国"还指"中华"，还可翻译为 Chunghwa Dream。

正因为这种名与实的差异，"一带一路"倡议提出后，存在"内热外冷"的现象——国内热，沿线内陆省份纷纷将其作为经济发展的大机遇，而沿线国家冷热不一，多半只是感兴趣，又苦于不知"一带一路"是什么、怎么做，普遍指望从中国那里拿好处。两年来的国内外调研，笔者深切认识到，要克服这种内热外冷现象，首先必须减少国内种种认知误区。

"一带一路"≠走出去

绝大多数企业将"一带一路"等同于"走出去"，把走出去的目标集中在沿线 65 个国家。其实，"一带一路"不只是产品、企业、投资走出去，服务、标准也应走出去，而且还要"走进去"——关键是产能、服务要走进去，走进"一带一路"沿线 65 个国家。"一带一路"也非转移所谓的过剩产能，本质上是国际产能合作，从"中国制造"（made in China）到"中国建造"（built by China）。原来我们想法子把西方发达国家技术、规则实现中国化，现在是将中国技术、规则当地化，将中国企业内化为"一带一路"沿线国家的企业，比如华为手机将来是"欧洲生产，欧洲消费"，"中亚生产，中亚消费"……不少沿线国家尚没有完善的法律规范，我们还要帮助当地立法或制订行业标准，更好地实施法律对接、标准对接。

"一带一路"≠对外援助

许多人将"一带一路"当作对外投资或援助，担心四处撒钱是否划算，是否会引发债务危机，毕竟国内还有许多要用钱的地方：扶贫、设施改造等。其实，"一带一路"并非对外援助，它的提出从国内背景说，是为了解决改革开放两大问题：解决发展模式的不可持续性问题，以及全球化效应递减问题。因此也标志着中国从融入全球化到塑造全球化，从中国向世界开放到世界向中国开放的态势转变。从国际背景说，是中国塑造欧亚一体化，巩固大周边依托，推进贸易投资便利化，深化经济技术合作，建立自由贸易区，最终形成欧亚大市场。同时，也表明美式全球化不可持续。当然，更直接的原因是全球金融危机影响下购买"中国制造"的能力急剧下降所导致的中国产能过剩。金融危机爆发迫使中国发掘"一带一路"新市场，转移优质富余产能。

建设"一带一路"，一定要体现"一带一路+"思想——以"一带一路"改变我们的世界观与方法论，而非+"一带一路"——顶着"一带一路"的帽子，该做什么还是做什么。

二、十大认知风险

"一带一路"伟大倡议提出以来，引发国内外激烈反响与解读，也带来种种认知风险，概括起来有：

第一，"一带一路"是西进战略。一些人有意无意地将"一带一路"解读为应对美国重返亚太的"西进战略"，因此要极力推。这引起了其他国家的警惕，以为中国在借此推行地缘政治扩张。其实要慎谈战略，多讲文明；尤其避免用"大战略"的概念，因为"大战略"通常指霸权国家的全球战略。

第二,"一带一路"是中国的。将"一带一路"视为"战略"的应有之义,就是"一带一路"是中国的,也就是"我的",而非"我们的",这样中国就要承担"一带一路"的发改委、财政部甚至丝路解放军的角色,为此提供规划、资金与安全支撑,甚至兜底。其实,"一带一路"是中国提出的伟大合作倡议,不属于中国,而是属于沿线所有国家,并给世界带来巨大发展机遇。

第三,"一带一路"重"带"轻"路"。有说法称"一带一路"是海上佯攻,意在陆上,显然又是战略术语。"一带一路"不存在孰轻孰重、孰先孰后的问题,而是欧亚大陆的互联互通,并延伸到非洲、南太地区,只有这样才能发挥系统效应。

第四,"一带一路"是借复兴来复古。一些国家担心中国说复兴,其实在复古,就是恢复朝贡体系。这反映出他们担心经济依附于中国。其实,"一带一路"是文明的复兴,不只是中华文明复兴,更是欧亚文明复兴为世界文明中心地位。

第五,"一带一路"是输出过剩产能。所谓"一带一路"是中国版马歇尔计划的提法,就是受到输出过剩产能的说法鼓励,同时杜撰中国借此确立地区霸权。显然,过剩产能是国内的说法,对"一带一路"沿线国家而言,应该是优质富余产能,体现出的是"将中国机遇变成世界机遇"的理念。

第六,"一带一路"是中国版经济帝国主义。所谓中国资本扩张的说法、地缘政治思维流行,助长了这种不切实际且十分有害的说法。"一带一路"是中国提供给国际社会的公共产品,秉承"共商、共建、共享"原则,强调开放包容,不可能是中国版经济帝国主义。

第七,"一带一路"是中国中心主义的复活。"一带一路"

强调与沿线国家进行政策、技术、标准的对接，可是也给人造成"让人家对接我，而我不愿对接人家"的印象。比如，与印度"季节计划"对接，是真心欢迎该计划呢，还是将其纳入"一带一路"轨道？认识、说法的模糊会造成如此认知风险。其实，对接的目标是互联互通。既然互联互通，就不就不存在谁跟谁通的问题。

第八，"一带一路"是中国周边外交。其实，"周边"的概念仍然是中国中心的，应该用"睦邻"取代"周边"概念。"一带一路"强调地区治理，包括安全治理，而非简单的中国周边外交或多边外交。

第九，"一带一路"是一个封闭的环。市面流行的地图多将"一带一路"画成一个封闭的环。其实，"一带一路"并非封闭的环，而是开放带，是集经济走廊、经济带于一身的基建、投资、贸易、信息网络。

第十，"一带一路"是中国以经济合作掩护军事扩张。"桥头堡""节点"等提法非常具有军事色彩，容易产生这样的联想，须慎用。"一带一路"强调开创21世纪地区与国际合作理念，不会也不应该重复西方扩张老路。

其他的疑问还有：是否引发地缘政治冲突？是否引发国际格局变动，导致中日和中美间的竞争与角逐？如何克服安全风险？是否影响当地的治理标准？是否缺乏制度性安排？穷小国是否"一带一路"的过道或洼地，或规则接受者？如何分担权益与风险？是否削弱地区组织的主导作用？如何尊重当地社会习俗？是否在输出中国模式？基建项目对环境影响如何？是否雇佣当地人？等等。

如何分析和评判种种认知风险？

总体看，"一带一路"倡议提出以来，不仅受到沿线60多个国家、国际组织的热烈欢迎，也得到了域外国家如英国的热情拥抱，纷纷与中国进行互联互通与战略对接，开展国际产能合作，开发第三方市场。

只是，"一带一路"不是简单的倡议，而是愿景和行动。"一带一路"催促中国重新认识世界，走进世界，改变自己影响世界，影响世界也改变自己。对此，中国准备好了吗？世界准备好了吗？

正是带着这些疑问，有西方学者对"一带一路"理念提出了质疑，他们认为，从历史上大国崛起来看，"一带一路"是大国崛起的表现，并与历史上的荷兰、日本、英国等崛起进行了比较。

三大原因表明，不能用近代化西方话语体系来理解"一带一路"。首先，中国的复兴所涉及的不仅是一个国家的复兴，更是文明的复兴，所以不能运用"大国崛起"逻辑来理解；其次，中国的崛起规模巨大，十几亿级的崛起，是文明的复兴，跟以前千万级的崛起不能相提并论；最后，"一带一路"所涉及和解决的，远不是中国单个国家的发展问题，而是全球性的，比如环境、资源、文明等等问题，是解决全世界公共问题的手段。

如何克服"一带一路"的认知风险？

名不正则言不顺，言不顺则心不齐。推动"一带一路"，必须正视已有或将来可能冒出来的各种稀奇古怪的认知风险。必须确立这样的共识，即丝绸之路是欧亚国家的共同记忆，"一带一路"是沿线国家的共同事业，始终坚持"共商、共建、共享"原则，通过共商共建丝绸之路，达到共担风险、共襄盛举的目标。正如《推动共建丝绸之路经济带和21世纪海上丝绸之路的愿景与行动》开篇所言：

2000多年前，亚欧大陆上勤劳勇敢的人民，探索出多条连接亚欧非几大文明的贸易和人文交流通路，后人将其统称为"丝绸之路"。千百年来，"和平合作、开放包容、互学互鉴、互利共赢"的丝绸之路精神薪火相传，推进了人类文明进步，是促进沿线各国繁荣发展的重要纽带，是东西方交流合作的象征，是世界各国共有的历史文化遗产。

古丝绸之路如此，"一带一路"倡议亦然。对中国而言，要跳出大国崛起、中华民族伟大复兴的范畴来解释"一带一路"；对外国而言，要跳出近代西方话语体系和历史经验来理解"一带一路"。

这就需要连接中外、沟通世界，学会运用世界话语传播丝路文化、讲好丝路故事、阐明丝路精神，让沿线国家、沿线人们听得懂、能接受、能理解。这样，古老的丝绸之路才能更好更快地在新时代焕发出强劲的生命力。

三、"一带一路"的辩证法

种种关于"一带一路"的质疑，除了观望态度之外，还是对中国的辩证思维不够了解所致。

"一带一路"建设是我国在新的历史条件下实行全方位

对外开放的重大举措、推行互利共赢的重要平台。习近平总书记在中共中央政治局第三十一次集体学习"一带一路"时指出,"推进'一带一路'建设,要处理好我国利益和沿线国家利益的关系,政府、市场、社会的关系,经贸合作和人文交流的关系,对外开放和维护国家安全的关系,务实推进和舆论引导的关系,国家总体目标和地方具体目标的关系"①。以辩证法思维,可将习主席讲话精神概括成"一带一路"建设的十大关系:

虚与实:"一带一路"既是山水画也是油画。

一些西方人用习惯看油画的心态质疑"一带一路",认为它缺乏清晰的内涵、路线图,其实"一带一路"不是简单的倡议,是愿景和行动的结合,是内外发展的结合。拿习近平主席的话来说,"'一带一路'建设不是空洞的口号,而是看得见、摸得着的实际举措,将给地区国家带来实实在在的利益。"② 因此,对外讲"一带一路"既要注重写意,也要兼顾写实:对世界与地区大国、文明古国可以宏大叙事,着眼长远,激励文明的共同复兴;对小国、弱国则注意细节,多讲"一带一路"给当地、当下带来的好处。

冲突与融合:文明的断裂带也是文明融合带。

尽管"一带一路"涉及的很多国家处在欧亚大陆文明

---

① 习近平在中共中央政治局第三十一次集体学习时强调:借鉴历史经验创新合作理念 让"一带一路"建设推动各国共同发展,新华社北京 2016 年 4 月 30 日电。
② 习近平《迈向命运共同体开创亚洲新未来——博鳌亚洲论坛 2015 年年会主旨演讲》,新华社 2015 年 3 月 28 日电。

断裂带，但是在断裂之外我们也应看到文明的融合。比如阿富汗，是布热津斯基《大棋局》一书所描绘的文明断裂带，但我们也看到伊斯兰教、佛教并存的现象，巴米扬大佛就是活生生的例证。因此，建设"一带一路"要树立辩证思维，既要看到风险虽然不可避免，但是机遇也切实存在；既要看到文化、语言的隔阂，比如中国与许多邻国彼此间心理距离远大于沿线国家与西方的距离，也要看到民心相通存在千年之久，共同的历史记忆普遍存在。要挖掘被现代性掩盖的传统性，让历史的记忆在今天形成共鸣。因为我们仍然在与西化的世界打交道，沿线许多国家是欧洲前殖民地，建设"一带一路"就要抓住欧洲。

机遇与风险：机遇中蕴含着风险，风险中包含机遇。

机遇与风险是一枚硬币的两面。既要看到风险虽不可避免，但机遇也切实存在。"一带一路"是中国的马歇尔计划？一些中国学者很早就这么说。但是，他们说的时候是想表明中国提供国际合作公共产品的机遇，而其他国家可能感受到中国经济扩张乃至军事扩张的威胁。这就需要我们建立"一带一路"的样板房、示范区，形成"抓住中国机遇，早得益；杜撰中国威胁，早受累"的景象。对外讲"一带一路"不可把机遇讲得太满、太多，一定要客观、冷静地分析风险，否则对方会质疑"too good to be true"（有这么好吗？）。正因为风险在，更需要共商、共建、共享。主动讲问题和风险，体现了中国人的自信。

中国与沿线国家：利益共同体。

"一带一路"是中国的，还是世界的？这是不少人的疑问，包括中国人自己都开口闭口是中国的"一带一路"。其实，我国是"一带一路"的倡导者和推动者，但建设"一带一路"不是我们一家的事。"一带一路"建设不应仅仅着眼于我国自身发展，而是要以我国发展为契机，让更多国家搭上我国发展快车，帮助他们实现发展目标。建设"一带一路"，既有中国产能过剩的客观需要，也有沿线国家对中国优质富余产能的渴求，故此形成国际产能合作与装备制造合作机遇，更多的还是沿线国家发展的客观需要。"一带一路"沿线国家的产出与其人口在世界上的比例严重不匹配，前者才是后者的一半，故此才对中国的"一带一路"倡议如此欢迎。可以说，"一带一路"源于中国而属于世界。它既是中国模式的体现，也在帮助实现其他国家走符合自身国情的发展道路和联合国2030年可持续发展议程；它在解决中国发展问题，也在解决世界发展问题。

政府、市场、社会：政府推动、企业主体、市场化运作，发挥社会积极性。

习近平总书记强调，推进"一带一路"建设，既要发挥政府把握方向、统筹协调作用，又要发挥市场作用。政府要在宣传推介、加强协调、建立机制等方面发挥主导性作用，同时要注意构建以市场为基础、企业为主体的区域经济合作机制，广泛调动各类企业参与，引导更多社会力量投入"一带一路"建设，努力形成政府、市场、社会有机结合的合作模式，形成政府主导、企业参与、民间促进的立体格局。

的确，政府推动、企业主体、市场化运作，发挥社会积极性，尊重所在地区社会习俗和法律标准，是"一带一路"建设的总体要求。"一带一路"建设不能完全靠政府，否则让人家觉得这是战略，也不可持续，风险极大。通过政府服务，让企业通过公私合营模式（PPP），成为"一带一路"的主体，通过市场化运作，符合国际规则，才能打消国际疑虑，更好与其他合作架构、发展规划对接。国有企业开始起主要作用，但在市场化程度较高的国家，就要注意反倾销、反补贴的问题，要符合劳工、环保标准，对于非 WTO 成员国则要尊重当地历史文化与宗教传统。过去，中国企业走出去重视与对方政府打交道，不够重视社会层面沟通，与当地 NGO 打交道缺乏经验。如今"一带一路"要接地气，要让"中国制造""中国建造""中国服务"等飞入"一带一路"寻常百姓家，从全球化到本土化转变，就必须发挥好行业协会、华人华侨的天然纽带作用。企业走出去既要重视投资利益，更要赢得好名声、好口碑，遵守驻在国法律，承担更多社会责任。

取与予：树立正确的义利观

"一带一路"沿线国家多为发展中国家，一方面潜力大，另一方面要求我们先予后取、多予少取，甚至要转让技术，帮助对方制定法律和发展战略。习近平总书记指出："要坚持正确义利观，以义为先、义利并举，不急功近利，不搞短期行为。要统筹我国同沿线国家的共同利益和具有差异性的利益关切，寻找更多利益交汇点，调动沿线国家积极性。"

毕竟，"一带一路"是百年工程，要从改革开放前阶段的"互利双赢"向"合作共赢"的思维转变，利我与利他结合、双边与多边结合、取与予结合，既要授人以鱼，也要授人以渔，只有这样才能赢得民心，言行一致，致力于共同繁荣发展。

经贸合作和人文交流：相得益彰。

古代丝绸之路是贸易之路，也是文化交流之路。今天的"一带一路"也同样如此。习近平总书记指出，人文交流合作也是"一带一路"建设的重要内容。真正要建成"一带一路"，必须在沿线国家民众中形成一个相互欣赏、相互理解、相互尊重的人文格局。民心相通是"一带一路"建设的重要内容，也是"一带一路"建设的人文基础。要坚持经济合作和人文交流共同推进，注重在人文领域精耕细作，尊重各国人民文化历史、风俗习惯，加强同沿线国家人民的友好往来，为"一带一路"建设打下广泛社会基础。要加强同沿线国家在安全领域的合作，努力打造利益共同体、责任共同体、命运共同体，共同营造良好环境。要重视和做好舆论引导工作，通过各种方式，讲好"一带一路"故事，传播好"一带一路"声音，为"一带一路"建设营造良好舆论环境。为此，"十三五"规划纲要第五十一章推进"一带一路"建设将"共创开放包容的人文交流新局面"列为第三节专门论述，既强调合作共赢，也强调交流互鉴，建议加强青年交流，用好互联网，建设"一带一路"媒体联盟、智库联盟，打造形式多样的地方伙伴关系和人文交流机制。

对外开放和维护国家安全：两手都要抓，两手都要硬。

不同于另外两大发展战略——京津冀一体化、长江经济带，"一带一路"建设的风险主要在国外，要统筹好对外开放和维护国家安全的关系，两手都要抓，两手都要硬。比如，"一带一路"沿线65个国家中半数为伊斯兰国家，主要又是通过新疆地区实现互联互通，这给国家安全带来挑战。中亚、东南亚地区的"三股势力"也通过互联互通更便捷地进入中国，增加我国的安全风险。"一带一路"建设本身需要我国大量劳务人员和企业法人走出去，长期在国外工作、生活，海外利益风险大幅上升。当然，建设过程中安全风险增大，互联互通最终有利于消除种种安全风险，尤其是民心相通本身就是对安全风险最好的解药。

务实推进和舆论引导：相辅相成。

在新的历史条件下，中国提出"一带一路"倡议，就是要继承和发扬"和平合作、开放包容、互学互鉴、互利共赢"的丝绸之路精神，把我国发展同沿线国家发展结合起来，把中国梦同沿线各国人民的梦想结合起来，赋予古代丝绸之路以全新的时代内涵。这就要求我们，既要会做，也要会说，把握好务实推进和舆论引导的关系。共商、共建、共享原则不能停留在口头上，而要落实到具体行动中。如何在"一带一路"建设中贯彻"知行合一"的理念？这是巨大考验。尤其是，许多国内企业、地方团体借助"一带一路"一窝蜂走出去，可能败坏"一带一路"声誉，违反丝绸之路精神。与此同时，中国还要帮助沿线国家做到"知行合一"，更好与中国模式对接。这就更难了。针对各种各样的误解和疑惑，正确、适时进行"一带一路"的舆论引导和塑造，就显得尤其重要。

国家总体目标和地方具体目标：以小见大。

习近平强调，"一带一路"建设既要确立国家总体目标，也要发挥地方积极性。地方的规划和目标要符合国家总体目标，服从大局和全局。要把主要精力放在提高对外开放水平、增强参与国际竞争能力、倒逼转变经济发展方式和调整经济结构上来。要立足本地实际，找准位置，发挥优势，取得扎扎实实的成果，努力拓展改革发展新空间。

的确，地方与中央同时发力才为建设"一带一路"带来双引擎。但在国内，地方竞争是常态，这也带来了国内"一带一路"热，但沿线国家政治体制不一，地方与中央关系迥异于我国。"一带一路"的合作机制主要可以在地区国别和专业领域两个方面展开。地方政府、城市如何参与"一带一路"？成都和波兰之间蓉欧铁路的交流合作，为城市如何进行外事外交，树立了榜样。中国台湾地区也能从能源、物流等领域着手，通过进行两岸合作，带动更广泛的东亚地区合作。

第九章
"一带一路"的中国智慧

往来不穷谓之通……推而行之谓之通。

——《周易·系辞上》

"上古竞于道德，中世逐于智谋，当今争于气力。"[①] 韩非子这句话促使我们去思考，未来比什么呢？除了前面章节探讨过的"道德""智谋""气力"外，还要关注"一带一路"的软实力，探讨"一带一路"的智慧。

"一带一路"的名称就体现出中国智慧：一生二，二生三，三生万物。"经济带"也很具中国特色，21世纪则预示着中国古老智慧的与时俱进，中国成为引领人类新文明的领导型国家。这从"一带一路"的内涵、建设以及机制等方面，都得以体现。

"一带一路"强调通过"五通"——政策沟通、设施联通、贸易畅通、资金融通、民心相通，开创系统化、网络化、人性化的互联互通新格局。这与中医强调"打通任督二脉"的智慧如出一辙。共同建设"丝绸之路经济带"强调找准突

[①] 《韩非子·五蠹》。

破口，以点带面，串点成线，步步为营，久久为功，逐步形成区域大合作局面，体现出中国知行合一、循序渐进的做事风格和改革智慧。

"一带一路"所蕴含的中国智慧体现在中国理念、中国哲学、中国伦理、中国经验、中国路径等各方面。"要致富，先修路；要快富，修高速。"这是中国改革开放的民间经验总结。无论从顶层设计还是具体实践看，中国革命、建设、改革各个阶段都产生了一系列中国特色的做法、经验与模式，为"一带一路"建设提供了丰富的营养，比如，革命战争年代的"星星之火可以燎原""积小胜为大胜"；再比如，"渐进式改革""从沿海到内地有序开放"。"一带一路"通过产业园区、经济走廊等试点，然后总结推广，形成以点带面、以线带带的局面，最终以中国国内市场一体化为依托，辐射周边，形成欧亚大陆一体化新格局。

实践中，"一带一路"的中国智慧尤其体现三大举措：战略对接、产能与装备制造业合作、开发第三方市场。

一、起：战略对接

"一带一路"倡议的提出，标志着从"中国向世界开放"到"世界向中国开放"。除了中国有自己的丝绸之路复兴计划和发展战略外，沿线其他国家也有自己的丝绸之路复兴计划和发展战略，"一带一路"的思路就是寻求战略对接，如对接欧亚经济联盟、哈萨克斯坦的"光明之路"计划、越南的"两廊一圈"战略、伊朗的"铁路丝绸之路"计划、印尼的"全球海洋支点"计划等——中国已同有关国家签署了三十几个共建"一带一路"协议，长远可考虑将"一带一路"沿线工业园区、经济特区等组成"一带一路"特区联盟。战略对接就不只是产生物理反应，更是化学反应，超越共振、共鸣效果，形成创新、融合效应。

从中国与世界接轨到世界与中国各省对接：沿线国家发展战略、规划、标准、技术的对接，旨在将中国发展机遇变成沿线国家的发展机遇。这是战略对接的思路。战略对接的思想从根本上区别于近代以来西方殖民者、霸权者以我为主，其他国家服务并服从于我的局面，鲜明体现了合作共赢的新型国际关系。

举例来说，经历了四十余年的快速发展，中国改革开放与欧洲一体化的巨大成就，生动体现出中欧关系正在经历从全球化自然分工到发展战略自主对接的巨大转变。

所谓全球化自然分工，就是作为世界最大的发达国家集团与最大的发展中国家在全球化体系中形成的互利共赢的伙伴关系。当欧洲资金、技术遇到中国市场，当中国制造遇到欧洲消费，既创造中欧互为最重要贸易伙伴的奇迹，也产生诸如反倾销、反补贴等纠纷。这种自然分工模式面临升级换代的挑战，中欧各自经济增长方式与产业结构也在转型升级，中欧关系必须上升到发展战略的自主对接新阶段。

所谓发展战略自主对接，就是中欧寻求后危机时代将各自的发展战略在以下方面实现自主对接：

一是发展阶段对接。中欧处于不同发展阶段，互补合作正在奏响工业化——后工业化（再工业化）铆合的动人乐章。

当前许多发展中国家还处于工业化初期，需要相关装备和生产线。中国已进入工业化中期，拥有性价比较高的优势富余产能。发达国家已处于后工业化阶段，拥有先进技术和高端装备。三方携手开展合作，不仅可以适应发展中国家的基础设施建设需求，而且有助于中国装备提质升级，也有利于发达国家扩大出口，共同推动世界经济走向复苏。

二是发展思路对接。中欧深化务实合作，特别是开展国际产能合作，可从四个领域取得突破：基础设施、第三方合作、金融合作、投资自由化水平。这是中欧战略对接的路径和重点。值得一提的是，中欧双方可以装备制造为重点，在第三方合作上取得突破，成为中欧合作新亮点，引领国际合作新潮流。中欧探索出以合资、公私合营(PPP)、特许经营等方式开拓第三方市场模式，完全可以成为南北合作的典范。

三是发展目标对接。中欧关系早已超越双边，成为世界绿色、低碳和可持续发展的重要利益攸关方。这就需要双方在节能环保、投资协定（BIT）谈判等方面加强战略对接，共同塑造全球化新标准，建立中欧气候变化、新型城镇化和可持续发展伙伴关系。

正是在这一背景下，中欧探讨"一带一路"倡议对接"容克计划"之道，推动中欧全面战略合作伙伴关系实现从全球化自然分工到发展战略自主对接的跨越，共建"和平、增长、改革、文明"四大伙伴关系，显得格外重要。

二、合：国际产能与装备制造合作

国际产能合作是中国的新概念、新理论、新倡议。按照2015年5月13日出台的《国务院关于推进国际产能和装备制造合作的指导意见》，国际产能合作是指围绕生产能力的建立、转移、扩张、提升和应用而开展的国际合作，其内容十分丰富，不限于国际贸易、国际投资、技术合作、工程承包等活动。

具体而言，国际产能合作包括如下四个内容：

第一是"起"，核心是产业升级，产业和产能的转型升级换代。大家有共同任务和挑战，只是起点不同，发达国家继续要维护高端地位，发展中国家要从低端向中高端迈进。我们讲所谓后工业化问题，还有一些国家工业化还在起步阶段。从这个角度讲，我们的优势是既挖掘与高端产业链合作潜力，又挖掘与低端产业链合作潜力，提升中国在国际产能优化组合中地位，推动产能升级。

第二是"承"，核心是产能优化。我们说过剩产能并非全面过剩，有的领域、产业链还要引进。光出不进是不正常的。产业承接也导致产能合作。"一带一路"强调共商、共建、共享，也包括引进别国产能，共享产能合作成果，更好地优化我国的产能结构。

第三是"转"，核心是产能互补，有效引导转移过剩产能。中国的过剩产能对"一带一路"沿线国家是优质富余产能，不是被动地等中国产业转到孟加拉国，导致中国出口下滑、外贸环境恶化，而是去挖掘产能互补潜力，通过转移产能实现产能优化配置。

第四是"合",核心是产业协同,方式主要是合作创新开发新兴产能。比如,现在欧洲非常希望跟中国合作开发5G通信技术,第一是因为缺钱,第二是因为我们在新的电子技术方面有很大优势,第三是因为共同面临美国网络霸权冲击。要创新、挖掘潜力,既规避原来意义上的竞争,又开拓新的市场、优化升级换代,这不仅是资源市场的优化组合,更是产能的优化组合。

在"一带一路"背景下,产能转移更多着眼于更低端的周边发展中国家,产能承接着眼于新兴国家,产能协同与产能创新着眼于发达国家。

为什么要推行国际产能与装备制造合作?

以前是全球化的中国化,现在是中国制造、中国建造、中国服务的当地化。比如华为公司将来是欧洲生产、欧洲消费,非洲生产、非洲消费。在"一带一路"战略下,中国不仅要走出去,还要走进去,这就是当地化。令人忧虑的是,大部分企业认为"一带一路"只是聚焦于企业走向沿线65个国家,这很成问题,应该走进去——产品、企业、服务、标准走进沿线国家,像军民两用技术、产品大量出口,后续服务维修一系列零部件配套,中国这方面意识还不够,链条转出去了,而不是一个工厂转出去,设备转出去,承接我们一系列的装备制造产业链。为此要熟悉当地国家的法律,有些国家连法律都没有,你还要帮他制定法律。

大量提国际产能合作,突显中国四方面优势:第一个是产业体系优势。按照联合国统计,中国是产业门类最全的,所以谈产业合作是全方位的合作，中国在2010年的工业产值就超过美国了，成为世界头号制造大国。第二个是产业链优势。中国正好处于全球产业链中端。按照原来标准总体中低端到走出去的是中高端，既和产业上游搭得上，又和下游搭得上。第三个是多重身份优势。中国拥有多重身份，最大发展中国家、最大新兴国家、第二大经济体、社会主义东方国家。第四个是中国模式优势。中国政府有能力自主引导产能合作。

当然，把潜在优势变成现实还是需要过程的。国际产能合作战略还要制定新的战略。

第一，以数量求质量。中国就是有数量优势，人口多，市场大。为什么中国和法国联合起来开发英国的核电市场？英国这么老牌的工业发源地，就因为中国产业市场化能力最强，核电我们不是最先进，法国最先进，但中国核电建设经验世界首屈一指。中国国家电网，在崇山峻岭、戈壁都能架网，到哪儿干不了呢？尽管核心技术我们可能还有一定差距，但无论什么技术到中国来市场化能力都极强。当然，我们也看中欧洲的高新技术、语言文化、法律制度，欧洲有很多殖民地，这就是我们与欧洲开发第三方市场的原因。

第二，以大求强。我们是贸易、投资、技术、人才大国，但不是强国，现在提倡产业融资，产融结合。产业链专业跟资金链能力配套，大量产业走出去，人民币更好地国际化，会推动中国从"大进大出"向"优进优出"转变，从大做强。

第三，用市场获得话语权。有些产业我们能力这么强，我们要把话语权牢牢控制住，尽管技术上不是最先进，但是产业化能力最先进，可以获得产权话语权。

当然，"一带一路"比国际产能合作更加丰富，除了互联互通以外，战略对接——战略、发展规划、技术标准的对接，都是重要抓手。

举例来说，中国和欧洲推进国际产能合作有三大领域：

首先是基于知识产权利润分享。比如核电站、高铁走出去。中国高铁走出去法德可以拿17%的利润，核电站法国可以拿34%的利润，所以我们走出去对他们也有好处。

其次是合作开发第三方市场。对市场经济潜力的挖掘，欧洲离不开中国。欧洲人自嘲说欧洲只有两类国家：一类是小国，另一类是还没有意识到自己是小国的国家。最早说这句话的是慕尼黑安全会议主席伊申格尔，他表示，德国人口还不如中国共产党党员多。在与巨型国家——中国、美国、印度的竞争中，欧盟单个国家都处于劣势，以前老指望与美国合作，现在美国重返亚洲，TTIP也遭受国内各团体的反对，欧洲国家集体向东看，与中国合作开发第三方市场是热点。亚投行的欧洲热是典型写照。

再有，基于共同研发新兴技术、产业的产能协同。欧盟的容克计划推出基础设施升级换代，包括网络、单一数字市场、单一能源市场等，非常希望中国投资，比如设立中欧共同投资基金，进行5G技术、智慧城市的建设等。

大体思路，欧洲与中国产能合作，着眼于挖掘经济增长潜力，达到双赢乃至三赢目的，并有效规避竞争。

当然，国际产能合作也面临不少问题和挑战。

比如，国际产能合作强调双边比较多，缺少对于第三方因素的关注。比如中国和中东欧合作的"16+1"机制，德国非常不高兴，因为中欧大部分靠德国，斯洛伐克、捷克生产德国汽车，中国与这些国家合作不仅动了德国的奶酪，更触动其产业链，干扰其产能转移，我们这方面考虑很少，忘了这些国家产业链依附于德国，很多国家甚至是战略上依赖于美国的，这个影响战略互信，产业互信。要高度重视国际产能合作背后的第三方因素。

再比如，产能合作，无论产业还是产能，都有不同产业、产能的发展规律，不能一刀切，各个国家不一样，而且不同产能有不同周期，有新兴的产能，有老的成熟的产能，周期是不一样的，投资的时候，经济周期和产能周期，甚至是政治周期不匹配就麻烦，考虑到这个国家政治周期是四年五年，政府换届怎么办？为什么中白经济园区发展比较快？白俄罗斯总统令可以化解法律麻烦。如果老是以自己的经济周期出发，强推产能合作，是会出问题的。有些东西不用转移，自动淘汰转移，我们有一种主观性的引导，既要按照市场规律，也要考虑对方因素，着眼于应对市场失灵和全球化失灵问题。

又比如，很多强调国际产能合作集中在中央政府推动，地方强调不够，国务院指导意见特别强调地方政府作用。"一带一路"的地方政府，特别是中国内陆省份积极性非常高但是缺乏经验，也缺乏对所在国的了解。以前我们有结对子、互助组的做法，国际产能合作如何实现小市场、大市场共同转起来，地方政府要更好地挖掘潜力，要优化竞争，不能一窝蜂，中央政府要引导各省政府寻求与"一带一路"国家的产能合作。

还有，强调国际产能合作比较重视双边，多边强调不够。国际产能合作既要与所在国家共商，也要与已有区域框架协商，怎么更好地考虑产业链的布局，实现产能系统对接。

最后，国际产能合作，如何培育产能协会？现在有行业协会，但缺乏产业协会。美国商会在中国影响非常大，我们完全靠中央政府，国内 NGO 不发达，产能合作主体就比较单一。

目前，国际产能合作在三个方面取得重大突破：

第一个是铁路合作。铁路合作最近一条是印度尼西亚的雅加达到万隆的高速铁路。第二条是中老铁路。第三条是中泰铁路。第四条是匈塞铁路。莫斯科到喀山的高铁，双方联合提议已经开始勘测。南美，巴西到秘鲁的两洋铁路也已经开始跟两国合作进行勘测。

第二个大的突破是核电。中国核电企业跟法国电力公司合作，联合开辟英国的欣克利角核电站，有三个站址，其中有一个将来用的是中国华龙一号的堆型，也就是说我们具有自主知识产权的核电可以参与到英国的电机组里面。核电我们还跟阿根廷签了重水堆、压水堆，这也是一个比较大的进展。

第三个是产能。钢铁、水泥走出去的速度非常快。2016 年要在"一带一路"建设的大的战略下搞好跟周边国家战略的契合，来推动国际产能合作。

的确，国际产能与装备制造合作，成为"一带一路"建设的重要抓手。高铁已经成为中国高端装备制造业走出去的靓丽名片。截至 2015 年底，中国已与"一带一路"沿线国家签订 30 个产能合作协议，中国铁建已在"一带一路"沿线 37 个国家设有境外机构或拥有项目，在建项目 111 个，合同金额 151.1 亿美元。涉及高铁建设规模达到 2.63 万公里，占全球高铁建设计划规模的 28.3%，占中国有望参与海外高铁总里程的 76%，项目主要集中在俄罗斯、泰国、柬埔寨及东南亚地区。世界正在分享中国速度。

三、分：开发第三方市场

中欧合作开发第三方市场助推"一带一路"建设，是其中的典型，突出体现"一带一路"建设的合作共赢思维。

总体而言，欧洲国家拥有高端技术，而中国制造能力及高端技术市场化能力非常强，两者结合才能赢得更大市场，规避两者的竞争。典型例子：法国核能技术世界最优，80%电能是核电，而中国在建核电站占世界的 37%，具有最成熟的建设、管理经验，中法合作开拓第三方核电市场，可谓完美组合。当性价比最高的中国核电装备，装上技术最优最安全的法国"核芯"，甚至赢得了英国的核电市场，实现了从"双赢"到"三赢"的转变。中国核电、高铁走出去，分别带动发达国家 15%、30% 先进装备也走出去，本身就是中欧合作开发第三方市场。

众所周知，当今世界的格局中，作为最大发展中国家的中国已经进入了工业化中期，拥有处在世界中端的工业生产线和装备制造水平。在这方面，法国等发达国家处于高端水平，而"一带一路"沿线大多数国家尚处在工业化的初期。中法合作开发第三方市场，使全球产业链首尾相顾。将中国的中端装备与法国的先进技术和核心装备结合起来共同开发"一带一路"沿线国家（多为前欧洲殖民地国家）的第三方市场，弥补了中国在语言、法律与运营等环境不熟的短板，使三方优势都得以很好发挥。于中国而言，意味着存量资产得到盘活，产业链迈向中高端；于法国而言，意味着更多的出口与就业；于第三方市场而言，则意味着获得更高性价比的装备与工业生产线，满足自身工业化的需求。因此，中欧合作开发第三方市场使中国在全球分工体系中的桥梁角色突显，以南北合作推动南南合作，实现从双赢到三赢、多赢。

最持久的合作往往是各取所需的合作，第三方市场合作就是这样一种合作，会产生 1+1+1>3 的效果。联合发展中国家与发达国家的国际产能和第三方合作，将会调动更大范围的全球力量，甚至有可能成为化解世界经济颓势的钥匙。中国与发达国家合作开拓第三方市场是"各得其所、互利共赢的好事"。中欧合作开发第三方市场是国际产能合作的系统效应体现。中欧合作开发"一带一路"市场前景广阔。

比如，在交通、能源、环境领域，中欧可以共同投资，共同推动合作项目。对外援助是这方面的典型例子。中国对外援助不设政治条件，而欧洲发达国家按照联合国 2030 年可持续发展议程必须拿出 GDP0.7% 用于援助欠发达国家，但往往设置许多政治条件，钱花不出去。通过中国做对方工作，才能让对方接受，完成发达国家的全球治理责任。因此，中欧合作开发第三方市场是全球治理的互补合作。这一点，在"一带一路"沿线 65 个国家，包括中亚、西亚、东南亚、中东、中东欧等地，表现得更加明显。

第十章
"一带一路"的世界智慧

独行快，众行远。

——非洲谚语

"一带一路"不是中国的独奏曲，而是大合唱，其成功关键是能否为 21 世纪开辟合作新路，有效解决人类面临的共同问题。因此，除了体现中国智慧外，"一带一路"还将中国智慧与各国智慧相结合，在解决各自面临的发展问题时解决国际社会面临的普遍性问题，共同塑造世界智慧。

正如习近平主席 2015 年 9 月在第 70 届联合国大会一般性辩论时发表的重要讲话中所强调的，要建立平等相待、互商互谅的伙伴关系，营造公道正义、共建共享的安全格局，谋求开放创新、包容互惠的发展前景，促进和而不同、兼收并蓄的文明交流，构建尊崇自然、绿色发展的生态体系，从而形成打造人类命运共同体的总布局和总路径。这根植于博大精深的中华文明，契合世界人民的共同愿望，顺应人类社会发展进步的潮流，成为中国引领国际关系发展的一面鲜明旗帜。

俄罗斯《导报》曾刊文指出，"一带一路"构想展现了中国对全球治理新理念的思考,"对中国来说,'一带一路'与其说是路,更像是中国最重要的哲学范畴——道"①。"一带一路"之道,就是去探寻中国梦与世界各国梦的融通、中国智慧与世界智慧的结合,突出地体现在"三可"原则上:可分享——共赢主义、可持续——代际均衡、可内化——落地生根。

一、可分享——共赢主义

古人云:"以天下之目视者,则无不见;以天下之耳听者,则无不闻;以天下之心思虑者,则无不知。""一带一路"倡议的提出,既是实现中国经济发展模式转型的抓手,更彰显中国"达则兼济天下"的大国担当,开创人类共赢的美好前景。

欧亚非大陆各种古老文明,随着"一带一路"倡议的提出,迎来了共同复兴的曙光;也为东西、南北国家实行共赢发展,增加了可能性。

在"一带一路"倡议下,探索中华文明如何实现与欧亚非大陆古老文明共同复兴之道,可以说承载着21世纪的"张载命题":

为天地立心,就是激活"和平合作、开放包容、互学互鉴、互利共赢"的丝路精神,开创以合作共赢为核心的新型国际

---

① 《综述:习近平引领的"一带一路"壮美画卷正如此展开》,《人民日报》,2016年2月12日。

关系，探寻21世纪人类共同价值体系，建设人类命运共同体。

为生民立命，就是鼓励各国走符合自身国情的发展道路，与"一带一路"沿线国家开展先进、适用、有利于就业、绿色环保的产能合作，支持其工业化进程，让合作成果更多惠及"一带一路"人民，实现共同发展与繁荣。

为往圣继绝学，就是实现人类永续发展，各种文明、发展模式相得益彰、美美与共，开创中华文明与欧亚非古老文明共同复兴的美好前景。

为万世开太平，就是推动人类的公平正义事业，缔造"一带一路"地区的持久和平，实现全球化时代的"天下大同"。

将21世纪张载命题予以落实的首推共赢主义。习近平主席对共赢主义（Win-winism）曾有经典的描述："和平而不是战争，合作而不是对抗，共赢而不是零和，才是人类社会和平、进步、发展的永恒主题。"① 不同于近代以来的殖民主义、帝国主义、霸权主义，"一带一路"倡导共赢主义。"与殖民主义、帝国主义、霸权主义时代最大的不同之处在于：前者具有不公正性，而后者具有公正性；前者具有歧视性，而后者具有平等性；前者具有排他性，而后者具有包容性；前者具有对抗性，而后者具有非对抗性；前者具有冲突性，而后者具有和谐性；前者具有不可持续性，暂时性，而后者具有持续性、长久性。"②

以22个阿拉伯国家为例。这些国家皆为"一带一路"

---

① 习近平《铭记历史，开创未来》，《俄罗斯报》，2015年5月7日。
② 葛剑雄、胡鞍钢、林毅夫等《改变世界经济地理的"一带一路"》，上海交通大学出版社，2015年，第43页。

沿线国家，地处亚非大陆交汇地带，宗教和文明多样性突出，文化历史悠久，资源禀赋独特，发展潜力巨大。在当前形势下，阿拉伯国家自主探索符合本国国情的发展道路，致力于推进工业化进程，努力扩大就业和改善民生，积极促进地区和平稳定，在地区和国际事务中发挥着重要影响。欧美的工业化完成较早，经验借鉴意义不大，而中国工业化经验鲜活，与阿拉伯国家合作潜力巨大。"阿拉伯之春"的乱象早已证明，试图照搬西方民主模式不会成功。中国不输出中国模式，但客观上鼓励阿拉伯国家走符合本国国情的发展道路。因此，中国提出的中阿共建"一带一路"，构建以能源合作为主轴，以基础设施建设和贸易投资便利化为两翼，以核能、航天卫星、新能源三大高新领域为突破口的"1+2+3"合作格局、加强产能合作等倡议，得到阿拉伯国家积极响应。

正如王毅外长指出的，随着世界经济格局的调整和经济全球化的发展，中国正在从生产一般消费品的世界工厂向为全球提供先进装备的生产基地过渡，经济产业结构快速调整转型，而阿拉伯国家也不满足于只做油气资源的全球供应商，需要大力推进经济多元化发展。在共建"一带一路"框架下，中阿对接双方发展战略，向转型升级要动力，加快中海自贸区谈判进程和重点工业园区建设，做强油气领域和基础设施领域合作。①

共赢主义更体现在中国的国际与地区合作理念层面。兼收并蓄、融会贯通，是中华文明生生不息的秘诀。"一带一路"

---

① 王毅《携手共创中阿关系更加美好的未来》，《人民日报》，2016年1月14日。

也在发扬光大这一传统,秉承"两容""两分""一抓"思路。

所谓"两容",一是与当地已有合作架构的兼容,尽量不另起炉灶;二是与域外力量的包容,不是排挤俄美欧日等域外势力。

所谓"两分",就是分好工、分好责,不能全包。金融投资不能央行托底,安全风险不能解放军托底,必须让当地利益攸关方和社会力量对接上,把我们要维护安全变成他们要维护安全,把我们的风险变成他们的风险。

所谓"一抓",就是抓住丝绸之路终点站欧洲,推动中欧海洋合作、第三方合作,共同致力于"五通",管控好"一带一路"风险。

"一带一路"建设将逐步结合政府开发援助、开发性金融以及市场配置这几方面的相互作用,以基础设施的互联互通作为优先领域,为沿线发展中国家提供基础公共产品,带动沿线各国货物贸易、服务贸易和投资的增长,以中国的发展带动沿线国家的发展和世界的发展。

这就是将"得道者多助、失道者寡助"的中国智慧转化为新多边主义的世界智慧,从改革开放前期所推崇的双赢、多赢上升到全方位开放的共赢主义,超越历史上的殖民主义、帝国主义、霸权主义,实现人类公平发展、和平发展、包容性发展与可持续发展。①

---

① 胡鞍钢《"一带一路"经济地理革命与共赢主义时代》,《光明日报》,2015年7月16日。

二、可持续——均衡发展

中国有句古话:"授人以鱼,不如授人以渔。"英语里也有类似的话:"授人以鱼,三餐之需;授人以渔,终生之用。"(When you give a man a fish, you feed him for a day, but when you teach him to fish, you feed him for a lifetime.)可见中西方思维的相通性。现在的问题是,大家都会钓鱼,可是无鱼可钓了!

因此,东西方、南北方都面临人类的可持续发展问题。

从人类文明史高度,赋予可持续发展以文明自觉、文明自信的含义,打造中国的国际话语权,乃众望所归。"一带一路"应纳入联合国2030年可持续发展议程,着眼于代际均衡。

从文明观念角度,国与国之间交往的动力,主要是"文明的代差"——先进文明对落后文明的侵略,推动了文明的扩张和进步;围绕"文明代差"形成的剩余价值的攫取,则产生了文明竞争和创新。鸦片战争,使得农业文明臣服于工业文明;对"文明代差"所产生的"文明红利"争夺,导致八国联军入侵北京。这一模式到了冷战结束,真正进入全球化时代,告一段落。世界是平的,说的是"文明的代差"消失了。于是,亨廷顿担心"文明冲突论"会成为文明的能量运行法则,因为文明之间争夺低级文明的时代已经结束。当然,人类并没有落入"文明冲突"的陷阱。制度的竞争取代文明较量,在第二层面演绎国际关系运行规律,直接考验文明的创新与韧性。

经过一百多年和西方的碰撞,现在中国跟西方很多方面第一次处于同一起跑线上，面临的很多问题是一样的或类似的——发展的可持续问题、生态环境问题等。以前是西方着眼于解决"西方的问题"，中国着眼于解决"中国的问题"——国家统一、改革任务未完成。现在各国都在改革，处在改革变动的时代，如布热津斯基所说处于"全球大觉醒时代"。在这一时代背景下，不仅要探讨中华文明的伟大复兴，而且要探讨中华民族如何"为人类做出较大的贡献"。

"一带一路"就是从人类重大共同关切入手，着眼于可持续发展的普遍意志。如今，可持续发展的内涵已从生产力拓展到三方面基本含义：器物层面，资源与环境可持续；制度层面，国际和国内制度的可持续；精神层面，生产和生活理念的可持续，代际可持续。一句话，可持续发展、可持续生活、可持续思维的三位一体，是可持续发展观的时代内涵。

换个角度讲，可持续发展就是包容，努力实现先发与后发平等、大小国平等、代际平等，改变西方不包容他者、不包容代际的现状，规范好理性及其限度、科学及其限度，把握好发展与消费、意愿与能力的平衡。

拿国家发展改革委、外交部、商务部2015年3月28日联合发布的《推动共建丝绸之路经济带和21世纪海上丝绸之路的愿景与行动》的话来说就是："共建'一带一路'旨在促进经济要素有序自由流动、资源高效配置和市场深度融合，推动沿线各国实现经济政策协调，开展更大范围、更高水平、更深层次的区域合作，共同打造开放、包容、均衡、普惠的区域经济合作架构。"

中国通过实现自身的可持续发展为人类的可持续发展

提供了"中国模式"。这是当今中国最大的国际话语权。现时代的文化自觉与文化自信，就在于以中华文明永续发展理念丰富人类可持续发展观，实现人类文明的永续发展，从理论上阐明中国发展道路（中国模式）及其作为"人类文明史上的伟大创举"和"中国对世界的历史性贡献"，探讨中国应对可持续发展挑战的经验与其他国家有相通之处，从而证明可持续发展是人类的共同价值，开创人类永续发展的文明新范式。这就是"一带一路"理论与实践上的重大使命。

以亚投行为例。亚投行不仅是首个中国倡议设立的多边金融机构，也是由发展中国家倡议成立而吸收发达国家加入，成为高标准的国际金融机构的成功范例，鲜明体现了可持续发展理念。

据测算，在2010—2020年期间，亚洲发展中国家基础设施投资总需求高达80000亿美元，年平均投资约需7000多亿美元，而现有多边开发银行在亚洲基础设施领域的年度投资规模仅约为100亿—200亿美元。在这种情况下，通过设立亚投行，动员更多资金，支持域内基础设施建设和互联互通，将为亚洲经济增长注入长久动力，也有利于形成周边国家与中国经济的良性互动。与此同时，亚投行还服务于南南合作和南北合作。亚投行57个成员国，涵盖亚洲、大洋洲、欧洲、非洲、拉美等五大洲，其中包括英、德、法等发达国家。亚投行以发展中国家成员为主体，同时包括大量发达国家成员，这一独特优势使其能够成为推进南南合作和南北合作的桥梁和纽带，推动世界实现均衡发展。

亚投行不仅激励国际金融体系变革，也在开创21世纪全球治理新路径：Lean, Clean, Green（精益、清洁、绿色），并且将遵循"公开、透明、择优"原则遴选管理层明确写入协定，是一项区别于现有主要多边开发银行的创新之举，反映了亚投行一贯坚持的现代治理理念。正如习近平主席指出的："亚投行正式成立并开业，对全球经济治理体系改革完善具有重大意义，顺应了世界经济格局调整演变的趋势，有助于推动全球经济治理体系朝着更加公正合理有效的方向发展。"[1] 为确保做到这一点，亚投行充分借鉴现有多边开发银行在治理结构、环境和社会保障政策、采购政策、债务可持续性等方面好的经验和做法，取长补短，高起点运作；同时奉行开放的区域主义，开展联合融资、知识共享、能力建设等多种形式的合作和良性竞争，相互促进，取长补短，共同提高，提升多边开发机构对亚洲基础设施互联互通和经济可持续发展的贡献度。

总之，可持续发展不仅是共同发展的应有之义，也是文明共同复兴的必然要求。虽时断时续，但古丝绸之路跨越千年，承载着不同民族、文化交流、交融的希望。今天，"一带一路"建设更是承载着人类文明可持续发展和联合国2030年可持续发展议程的时代使命。

三、可内化——落地生根

"一带一路"是古丝绸之路的中国化、时代化、大众化。

---

[1] 《习近平在亚投行开业仪式上的致辞》，新华社2016年1月16日电。

落地生根就是大众化的要求，开花结果就是共享发展的应有之意。

如何建设"一带一路"？习近平主席讲"五通"。"五通"里的主要理念是共商、共建、共享。这里再次强调，"一带一路"不是企业"走出去"，是"走进去"——要落地，跟当地国家的发展项目相结合。有的国家需要基础设施，有的国家需要贷款，有的国家需要教育。它首先需要什么你就给它提供什么。一定要共商，不要强迫，要一起建设，使对方有成就感。小米手机发展这么快，就因为消费者也是创造者。一起建设，一起维护，才能在安全上建立互信，最终形成一个命运共同体。相关服务也要"走进去"，要适应当地的民俗、宗教，用当地人所希望的形式"落地生根"，不再是简单地"走出去"，而是"走进去"，越来越多地是"欧洲生产，欧洲消费""非洲生产，非洲消费"……这就是企业抓住"一带一路"机遇的要旨。

比如，资金从哪里来？中国成立了丝路基金。以前是BOT（建设－经营－转让/特许权），现在更多的是PPP模式，即公私合营筹资。这也促使企业产品、服务、理念"走进去"——飞入寻常百姓家。

再比如，企业经营要注重差异化原则：产品、服务、理念体现不同地区人们的个性，尊重当地习俗。伊斯坦布尔现在用的水渠还是罗马帝国时代建成的，"一带一路"建的设施，应该使之两千年以后还能用。成功的案例各有各的成功，但失败的案例都有共通性。到了国外，就不能用国内这一套，在欧洲就不能用非洲那一套。所以，很有必要建立一些企业

"走出去"的案例分析和企业内部之间的导向培训，以帮助更多的企业走向成功。

之所以把"一带一路"称之为新时期的长征，就是在21世纪播撒中国合作共赢的理念，引导企业往全球分工体系里最有潜力的市场走并落地生根、开花结果，开创全球化新模式，实现共同发展。当然，"一带一路"要推动全球化落地生根，既要考虑机遇，也应考虑风险：政治风险、安全风险、经济风险、法律风险、道德风险等。①

日本汉学家副岛种臣曾说："盖中国之积习，往往有可行之法，而绝无行法之人；有绝妙之言，而绝无践言之事。"意思是只有方法而无人才，只会空谈而不可付诸实际。这是对我们的警醒。21世纪最缺的是人才，博古通今、领导创新的人才。"一带一路"是21世纪的，其建设是百年大计，认知风险也好，建设短板也罢，都聚焦于人才。不只是国内人才，还有沿线国家的人才，需要在沿线支点国家合作办各种大学、职业学校、干部培训学院——海外孔子学院、华人华侨、商会可充当"孵化器"，起桥梁纽带作用。《"十三五"规划纲要》第五十一章推进"一带一路"建设明确指出，"充分发挥广大海外侨胞和归侨侨眷的桥梁纽带作用"，最终"构建官民并举、多方参与的人文交流机制"。

当然，首要的是转变观念，与时俱进，用好现在的各类人才，做到人尽其才，建设好"一带一路"。李光耀曾对比说，中国还在13亿人口当中选人才，美国是在全球70亿人口当

---

① 参见王义桅《"一带一路"：机遇与挑战》，人民出版社，2015年。

中选人才。如今建设"一带一路",我们要从44亿沿线国家人口中挑选人才,集65国之智慧,通过开放包容、合作共赢,汇聚世界智慧。

尤其是对中国人来说,"一带一路"带来的是时空转变。从纵向来说,鸦片战争以来,中国人从"睁眼看世界"、"融入主流世界",向世界开放,到今天世界向我们开放,中国走进世界,这对我们的生产方式、生活方式、思维方式,产生史无前例的广泛、深刻影响。从横向看,全球化正向本土化方向迈进,生产、服务、产业链的当地化,是"一带一路"企业竞争的着力点。因为时空变化,要求我们走出近代、告别西方,关注"一带一路"的逻辑。中国人走出近代、告别西方,一定会鼓励"一带一路"沿线国家人民做到这一点,真正做到各美其美,而不是美西方之美,实现文明的共同复兴与国家的共同发展。

结　语

> 凡是过去，皆为序章。
>
> ——［英］莎士比亚

中华民族伟大复兴有何标志？这是"中国梦"提出来后国内外的广泛疑问。从人类文明史看，丝绸之路的复兴就是主要标志：不只是中华文明复兴，也是丝绸之路沿线各种古老文明的共同复兴，融通中国梦与世界梦。换言之，"一带一路"解决的不仅是中国的发展问题，更是帮助世界解决人类公共问题。

正是基于这一历史与时代担当，习近平主席提出"一带一路"伟大倡议。

（一）

"一带一路"是中国提出的全方位开放战略与以"共商、共建、共享"为原则的国际合作倡议，旨在欧亚非沿线65个国家建立由铁路、公路、航空、航海、油气管道、输电线路和通信网络组成的综合性立体互联互通的交通网络，并通过产业集聚和辐射效应形成建筑、冶金、能源、金融、通信、物流、旅游等行业综合发展的经济走廊，通过政策沟通、设施联通、贸易畅通、资金融通、民心相通来推进贸易投资便利化，深化经济技术合作，建立自由贸易区，最终形成欧亚大市场。其中，能源走廊着眼于大宗商品定价权,物流与金融等走廊着眼于贸易投资标准制定权,资金融通则推动人民币地区化国际化,互联网、电网及智能丝绸之路建设则在推动电子商务世界贸易规则(E-WTO),助推中国成为新的世界领导型国家。

"一带一路"倡议具有历史合法性、现实合理性、未来合情性。

历史合法性:古代海陆丝绸之路曾是中国联系东西方的"国道",是中国、印度、希腊三种主要文化交汇的桥梁;今天,丝绸之路重焕活力,唤醒了古丝路各种文明的历史记忆和各民族共同复兴的梦想。"一带一路"沿线包括中亚、东盟、南亚、中东欧、西亚、北非等65个国家(当然,"一带一路"是开放的,不限于65个国家),这些国家在古代丝绸之路上可能是"洼地"或过道,在地理大发现后,海洋而非大陆决定全球化命运后又被边缘化,今天也是全球化阳光光顾不到的地区。如今,由高铁所代表的互联互通网络帮助它们寻找海洋,帮助它们融入全球化,好比两千年存在银行的利息开始用起来。

现实合理性:世界日益增长的国际公共产品的需求与落后的供给能力之间的矛盾,就是建设"一带一路"的动力。亚洲基础设施有八万亿美元的巨大缺口,所以中国倡导成立的亚投行才会取得如此成功。"一带一路"需要中国和美国等其他国家一起合作提供公共产品,这是中国倡议建设"一带一路"受欢迎的重要原因。也因此,"一带一路"创造合作机遇而非对抗可能。就国内而言,我国国内的互联互通已经完成,为其提供了良好基础。就沿线其他国家而言,中国的发展模式和已经取得的成就激发了它们独立自强的斗志、走自己的发展道路的愿望,这种后发国家所共享的价值观超越了曾经的殖民主义、帝国主义和现代化发展模式。就区域而言,"一带一路"的建设通过各国合作提供公共产品,可以弥补亚洲基础设施的巨大缺口。

未来合情性:"一带一路"是全球化即美国化、西方化失势后,作为世界经济增长火车头的中国,将自身的产能优势、技术与资金优势、经验与模式优势转化为市场与合作优势,将中国机遇变成世界机遇,融通中国梦与世界梦。"一带一路"沿线国家急需中国的投资和基础设施建设,只要联通在一起,发展潜力就非常大。美国彭博社预计,到2050年,"一带一路"会新增30亿中产阶级,这意味着实现现代化的人数相当于发达国家现代化人数总和的两倍。中国欢迎"一带一路"沿线国家搭中国发展的快车、便车。不仅如此,中国成功的现代化实践和走符合自己国情的发展道路,也通过"一带一路"鼓励其他国家这么做,实现共同发展与复兴。

总之,"一带一路"倡议顺应了时代要求和各国加快发展的愿望,具有深厚的历史渊源和人文基础,其历史合法性、现实合理性及未来合情性,正对应了着眼于沿线国家文明共同复兴、共同现代化及包容性全球化三大使命。

"一带一路"超越了近代逻辑,开创五百年未有之变局。"一带一路"倡议,将"部分全球化"(partial globalization)变成"包容性全球化"(inclusive globalization),将全球化(globalization)与本土化(localization)相结合,帮助更多国家脱贫致富,开创21世纪地区与国际合作新模式,开创绿色、可持续发展新气象，这就是它受欢迎的根源。

"一带一路"倡议的提出，表明中国告别近代以来赶超西方的逻辑，推动全球化更具包容性，是全球化的中国化、时代化、本土化（大众化），是崛起中国的全球化担当。

（二）

从人类大历史看，丝绸之路兴衰见证世界历史演进轨迹。自从古丝绸之路衰落后，作为后起之秀的西方通过工业革命和地理大发现而殖民世界，杜撰了普世价值论，将殖民征服包装为传播先进文明。唯有中华文明未被西方征服，这一点足以动摇进入环球航行时代以来欧洲列强所标榜的"欧洲中心论"。1877年德国人李希霍芬提出"丝绸之路"概念，在以后半个世纪中演变成一场中国历史遗迹和珍贵文物的浩劫，出现一系列所谓中国文明根在西方的"新发现"。背后折射的更深层问题是，欧洲人或者欧洲学界想要指明东方文明源自西方。法国学者艾田蒲在《中国之欧洲：从罗马帝国到莱布尼茨》一书中怒斥："欧洲中心论招摇撞骗的杰作：古登堡为印刷术发明家。"这就预示着，丝绸之路的复兴定将解构西方中心论，还原历史真相。

"一带一路"倡议所彰显的丝绸之路在21世纪的复兴，告别了西方杜撰的工业革命是人类历史分水岭的逻辑：伪造历史＋伪造文字起源＝伪造西方文化优越论，这就破解了"西方中心论"神话及"世界是平的"全球化神话，开创合作共赢的新型国际关系，通过政策沟通、设施联通、贸易畅通、资金融通和民心相通这"五通"，打造政治互信、经济融合、文化包容的利益、命运和责任共同体，推动实现中国与"一带一路"沿线国家走向共同繁荣，实现文明的共同复兴。这就是"一带一路"的逻辑。

"一带一路"充分体现中国传统智慧，其中的"一"就蕴含"一生二，二生三，三生万物"的思想；"带"体现中国模式的分享；"路"则点出21世纪的时代主题——鼓励各国走符合自身国情的发展道路。

"一带一路"还充分汲取世界智慧，因为它"不是某一方的私家小路，而是大家携手前进的阳光大道"。"一带一路"之道，就是去探寻中国梦与世界各国梦的融通，倡导"三可"原则：可分享——共赢主义、可持续——代际均衡、可内化——落地生根。

（三）

"一带一路"有无路线图？"一带一路"倡议与实现中华民族伟大复兴的"两个一百年"的奋斗目标密切相连：

第一阶段，2016年开始进入全面实施阶段，基础设施开工，沿线形成共识。自由贸易区（10+1，中－海（海湾合作组织）FTA，RCEP，中－斯（斯里兰卡）FTA）建设实现突破。

第二阶段，2024年一体化格局形成，沿线国家高标准自由贸易区网络基本形成，通往波罗的海、地中海和印度洋的战略通道安全畅通。

第三阶段，2049年建成以中国为主的（利益、责任、命运）共同体，两翼齐飞，"五通"基本实现，确立中国在周边事务和全球治理结构中占主导优势。

《史记·天官书》记载："五星分天之中，积于东方，中国利；积于西方，外国用兵者利。" 1840年鸦片战争，"外国用兵者利"，所以我们失败了。什么时候五星出东方呢？2040年9月9日。这是天象学计算出来的，不是迷信。中国要顺应世界经济发展周期和人类文明的大规律，必须要建成"一带一路"。1995年，在新疆和田地区出土的国家一级文物——汉代蜀锦上记载"五星出东方利中国"，预示着"一带一路"开创中华民族伟大复兴，并推动人类文明共同复兴的美好前景。

"通，达也。"《说文解字》这句话，指明了发展中国家向发达国家过渡的关键——互联互通，不只是设施、贸易、资金的相通，也包括政策、民心的相通。一句话，"通"是"一带一路"倡议的精髓。正如《周易·系辞上传》所言："形而上者谓之道，形而下者谓之器，化而裁之谓之变，推而行之谓之通，举而措之天下之民谓之事业。"

从人类文明史来看，"一带一路"以欧亚非大陆的互联互通，复兴丝绸之路文明，克服了文明冲突，弥合了文明断裂带，填平了文明洼地，改变了《共产党宣言》中所描绘的"农村从属于城市、东方从属于西方、内陆从属于海洋"的时代，包容近代西方文明并创新人类文明，激励发展中国家实现弯道超车、变道超车，开创共同发展与文明共同复兴的美好前景。从这个意义上说，21世纪是从"一带一路"开启的。

附录 个案研究

一、"一带一路"的合作机制

"欧洲之父"让·莫内指出:"没有人,一切皆无可能,但是没有体制,一切不可持续。"这句话提醒我们,"一带一路"的机制建设,决定了其前途及在全球治理中的地位,也决定了它多大程度上解决我们时代最宏大和最关键的问题。《"十三五"规划纲要》第五十一章"推进'一带一路'建设"把"健全'一带一路'合作机制"作为首要任务,并指出,"围绕政策沟通、设施联通、贸易畅通、资金融通、民心相通,健全'一带一路'双边和多边合作机制。推动与沿线国家发展规划、技术标准体系对接,推进沿线国家间的运输便利化安排,开展沿线大通关合作",并规划建立各种融资机制、人文交流机制,确保"一带一路"建设有序推进、落到实处。

历史经验表明,伟大的事业总要面临风险,由于"一带一路"连接东亚与欧洲两大贸易圈,途经60多个国家,总人口超过40亿,各国在政治制度、经济发展与文化建构方面存在着不同的利益诉求,这导致"一带一路"易面临来自地缘、经济、法律、道德等诸多层面的风险，因此依托合作机制缓和争端，坚持合作对话、平等协商意义重大。

此个案研究将重点阐释"一带一路"现存的合作机制以及密切相关的沿线其他合作机制，指出应力求在两类合作机制整合的基础上，树立"共同体"意识，并以此共同应对挑战，推动互联互通早日实现。

目前来看，"一带一路"建设的合作机制可以分为两大类：一类为我国所提倡建立的"一带一路"推进性合作机制，如中央领导小组、各类经济走廊、亚洲基础设施投资银行（AIIB）、丝路基金等。另一类为目前"一带一路"沿线各国的现存机制，如东盟、大湄公河次区域经济合作（GMS）、海合会、欧盟等。"一带一路"倡议有巨大的包容性与开放性，能够寻求同域内现存组织的对接，作为"一带一路"的配合性合作机制，在协同推进的基础之上，实现双边互利共赢。

（一）中国："一带一路"推进性合作机制

"一带一路"，作为一项平等互利的合作倡议，主要由中国倡导，本着平等自愿的原则号召各国共同参与。据此，为保证"一带一路"的顺利落实，展现我国负责任的国际形象，中国针对"一带一路"的推进从政治与经济两方面对合作机制进行了系统性的建构，作为推进性合作机制促使沿线合作。首先，中央高度重视，成立"一带一路"建设工作领导小组，指导和协调"一带一路"建设，从国际上层政策设计层面对"一带一路"的整体推进与合作落实予以协调。其次，在具体的推进过程中，将"经济走廊"建设作为重要的配套合作机制。除此之外，通过"亚投行"与"丝路基金"为"一带一路"提供资金上的保障与支持。

1. "一带一路"建设工作领导小组

"一带一路"建设工作领导小组的创立，体现了我国政府对"一带一路"的高度重视，以顶层设计的形式对"一带一路"进行规划。这有利于从宏观的国家层面对"一带一路"的建设进行统筹与政策制定，同时也为同各地区、各国家在多领域开展合作奠定了坚实的基础。我国相关领导小组的组建是国内外各类合作机制有效运行的重要保证，因此在开展"一带一路"的过程中，需充分尊重中央领导小组的建议，遵守并落实其制定的相关政策，在国家的宏观指导下稳步推进"一带一路"建设。

2. "经济走廊"建设

经济走廊最早是由大湄公河次区域合作机制于1996年在马尼拉举行的第八届大湄公河次区域经济合作部长级会议上提出，其含义是指在一个特殊的地理区域内联系生产、贸易和基础设施的机制；主要是通过对交通走廊的扩充，提高经济利益，促进相连地区或国家之间的经济合作与发展。

在我国开展"一带一路"的实际过程中，"丝绸之路经济带"主要通过联结中亚的形式贯通欧洲。因此，我国在东北亚、东南亚、南亚等地通过"经济走廊"的形式，作为重要的区域合作机制，配合陆上北方"丝绸之路经济带"的建构。具体而言，我们在东北亚、东南亚、南亚、中亚依据不同的现实情况，因地制宜地建立了"中蒙俄经济走廊""孟中印缅经济走廊"以及"中巴经济走廊"等。尽管不同经济走廊在具体的配套措施与政策安排上存在差异，但其理念却是一以贯之的，即突出体现"共商、共建、共享"的理念，坚持包容开放、非强制的合作原则，各国和谐共生，和睦相融。这有利于提高业已存在的互联互通水平，带动走廊沿线经济发展，推动"一带一路"落实。

3. "亚投行"与"丝路基金"

2013年，习近平主席在访问印度尼西亚时首次提及建设"亚投行"，时隔1年后，中国、印度、新加坡等21个国家，在北京签署《筹建亚洲基础设施投资银行的政府间框架备忘录》，现在，加入到亚投行意向创始成员国的国家确认为57个，还有30多个国家表达了加入意向。2015年6月29日，《亚洲基础设施投资银行协定》签署仪式在北京举行，亚投行宣告成立。

亚投行，即亚洲基础设施投资银行，为政府间亚洲区域多边开发机构，按照多边开发银行模式和原则运营，重点支持亚洲地区基础设施建设。亚投行将与世行、亚行等其他多边及双边开发机构密切合作，促进区域合作与伙伴关系，共同解决发展领域面临的挑战，能够提高资金使用效率，增强基础设施建设融资能力，推动实现发展中国家的互利共赢。亚投行，在"一带一路"推进的过程中一方面能够深化各国之间的政治、经贸合作，另一方面能够为"一带一路"的基础设施建设提供重要的资金来源与保证。显然，亚投行以其覆盖范围广、参与国家多、历史作用大的特点成为"一带一路"沿线国家进行合作的重要平台机制。

除亚投行之外，习近平主席在2014年11月APEC领导人非正式会议上发表了题为《联通引领发展，伙伴聚焦合作》的讲话，宣布中国将出资400亿美元成立"丝路基金"，以保证"一带一路"事业的顺利开展。无论是亚投行抑或丝路基金，在一定程度上均可视为我国在经济层面上为"一带一路"建设所做出的努力。

（二）沿线各国："一带一路"配合性合作机制

我国"一带一路"倡议将活跃的东亚经济圈与繁荣的欧洲经济圈紧密地联系在一起，将整个欧亚大陆进行联结，推动互联互通的实现。在"一带一路"提出之前，各沿线区域针对域内外合作就已经存在诸多合作机制。

我国"一带一路"倡议，在继承古丝绸之路精神的基础之上，具有高度的开放性、包容性，因此能够同各区域内现存的区域合作组织或政策进行对接，将沿线合作模式作为"一带一路"推进过程中的配合性机制，进一步增强双边合作深度，拓宽双边合作领域，提高双边合作水平。

相关政策在东亚、东南亚、中亚、西亚、东北亚、欧洲等地区同其区域内的现存合作机制均有较强的利益相关性，能够在推动解决地区问题、实现区域繁荣发展、落实"一带一路"规划等方面展开合作。例如，一方面，我国从整体上充分发挥上海合作组织（SCO）、亚欧会议（ASEM）、亚洲合作对话（ACD）、亚信会议（CICA）等合作平台或机制的作用，深化欧亚大陆整体的战略互信，推动合作落实。另一方面，针对不同的区域形势，开展不同类型的区域合作。如在东亚立足中国－东盟"10+1"合作关系，在东南亚推动大湄公河次区域经济合作（CMS）的开展，在西亚进一步推动中阿合作论坛、中国－海合会战略对话的展开，在中亚地区推动中亚区域经济合作（CAREC）的实现等。由此可见，沿线各国的域内合作机制，成为推动"一带一路"落实的重要方式，同时也成为中国与各国开展合作的重要机制。下面以东盟、大湄公河次区域经济合作、海合会与欧盟为例，对"一带一路"的配合性合作机制予以阐释。

1. 东盟

2014年，中国与东盟的贸易额超4800亿美元，同2001年的400亿美元相比，年增长率超过20%，同时中国与东盟的双向投资规模也不断扩大，呈现迅速增长的上升趋势。"一带一路"在此背景下提出，无疑为中国与东盟提供了重要的合作机遇，拓展了中国－东盟"10+1""10+3"框架的合作范围，使其成为东盟国家参与"一带一路"建设的重要合作机制。除此之外，"一带一路"也为中国－东盟自贸区的谈判与建立提供了重要的契机，中国社会科学院《"一带一路"建设与东盟地区的自由贸易安排》报告中指出，未来一段时期，中国与东盟间贸易额将扩大至2020年的10000亿美元，双向投资额将达1500亿美元。"一带一路"倡议之下的中国与东盟合作无疑翻开了崭新的篇章，双方政策沟通、贸易畅通、道路相通都将在"一带一路"指导下的中国－

东盟合作框架内得以逐步实现，推动互联互通的早日实现。

2. 大湄公河次区域经济合作

1992年，亚洲开发银行在其总部所在地马尼拉举行了大湄公河次区域六国首次部长级会议，标志着大湄公河次区域经济合作（GMS）机制的正式启动。目前，GMS合作范围包括中国（云南省和广西壮族自治区）、柬埔寨、老挝、缅甸、泰国、越南，总面积256.86万平方公里，总人口约3.26亿。官方文件《中国参与大湄公河次区域经济合作国家报告》指出，其第二次领导人会议于2005年7月在昆明举行，确立了"相互尊重、平等协商、注重实效、循序渐进"的合作指导原则，批准和签署了交通与贸易便利化、生物多样性保护、信息高速公路建设等多项合作倡议和文件，合作由此迈上新台阶。在此背景之下，"一带一路"进一步为大湄公河次区域的发展注入活力，由于倡议本身的"五通"目标同大湄公河次区域经济合作的内容一致性高，互补性强，都强调基础设施层面的建设与发展。因此，其可以成为东南亚国家参与"一带一路"建设的良好配合性合作机制，使得中国在"亲诚惠容"的周边政策指导之下，深化同各国的战略合作。

3. 海合会

海合会，全称海湾阿拉伯国家合作委员会，是海湾国家最主要的政治－经济组织。由于中东地区局势不稳、地区动荡，因此我国"一带一路"建设在中东地区面临重大的地缘战略风险。如果能够将海合会作为"一带一路"框架下中国同海湾国家的重要合作机制，不仅有利于我国能源的进口，同时有利于缓和"一带一路"的地缘风险。2014年6月初，在北京举办的中阿合作论坛第六届部长级会议上，习近平主席提出中阿双方本着"共商、共建、共享"的原则，合作共建"一带一路"的重要倡议，并提出了"1+2+3"的中阿合作格局，努力提升中阿务实合作层次。这体现了中方助力"海合会"，增进战略互信，互利共赢，从而推动"一带一路"建设的努力。海合会框架内中国同海湾国家的合作，必将带动双边政治互信、经贸发展与科技交流，进一步提升双边合作层次。

4. 欧盟

"一带一路"连接着繁荣的欧洲经济圈，由于"一带一路"倡议同欧盟在维护地区稳定，推动共同发展目标的一致性，使得欧洲国家可以通过欧盟开展同我国"一带一路"建设的务实合作。2015年7月，李克强总理开展的对欧"旋风式"访问，最为重要的成果无疑为"一带一路"对接欧盟3150亿欧元的容克战略投资计划，可谓互利合作、共同发展的典型。资金上的战略对接仅为开始，中欧之间还将在更大范围、更高层次、更广领域上开展合作，前景广阔而美好。欧盟，能够成为欧洲国家同中国展开合作的重要平台，在互惠合作的基础上践行丝路目标。

（三）"一带一路"合作机制：优化与发展

上文从我国主导的推进性合作机制与沿线国家的配合性合作机制两方面入手，对"一带一路"目前存在的合作机制进行了阐释。目前来看，虽然"一带一路"倡议同各类合作机制契合程度高，但是由于域内外原因，摩擦与冲突时有发生，一定程度上削弱了各类合作机制的效用。因此，对合作机制的优化与发展不可或缺，下面从观念与实践两方面，为完善"一带一路"合作机制、更好地发挥合作效用建言献策。

1. 观念层面

为促使"一带一路"合作机制的优化发展，应在共同体意识的指导之下，做到"一条主线，三个相互"，并将其统一于观念建构的过程之中。观念上的理性认知是开展务实性合作的重要基础。

一方面，应树立"共同体意识"，这是促使合作优化的观念之基。到目前为止，中国领导人在各种场合提及的"共同体"主要有"利益共同体""责任共同体""命运共同体"等。一花独放不是春，百花齐放春满园。"共同体"内涵背后是我国"一带一路""共商""共享"与"共建"的原则体现，在全球化高度发展的今天，各国命运紧密联系在一起，可谓牵一发而动全身，牢记"共同体意识"能够为各国之间持续性、稳定性的合作寻求合理性，更好地整合相关资源，推动合作机制的稳步优化与发展。

另一方面，在"共同体意识"指导之下，应做到"一条主线，三个相互"，即"以保持合作为主线，相互理解、相互沟通、相互信任"。"一带一路"，传承了古丝绸之路"和平合作、开放包容、互学互鉴、互利共赢"的精神，其出发点就是以合作的形式推动全球互利共赢。因此，在面临争端与争议时，应清醒地把握"合作"主线，将摩擦控制在可调控范围之内，并在此基础上做到"相互理解、相互沟通、相互信任"。理解促使沟通的实现，在沟通的基础上，才能实现最终的战略互信，使得双方能够自觉而主动地参与到维护合作机制的过程中去。

2. 实践层面

在观念的引导之下，作为倡议者，我国应为优化"一带一路"合作机制做出自身努力，具体包括以下三个方面。

第一，处理好同域内大国的关系。作为地区大国，一国的态度与观念将会对域内其他国家的决策与态度产生重要影响，因此处理好同地区内大国的关系对于保证"一带一路"合作机制的畅行运转意义重大。例如，对于美国，中方可以通过中美新型大国关系的建构，化解美国的战略疑虑，推动美国政府更新观念，使之朝向有利于、至少不妨碍或少妨碍"一带一路"建设的方向发展。又如，对于俄罗斯，中方应化解其战略猜疑，考虑俄方利益，通过中蒙俄经济走廊扩大彼此政治共识以及经济合作，寻找丝绸之路经济带项目和欧亚经济联盟对接。

第二，以"五通"建构稳步推进合作。"五通"，即政策沟通、设备联通、贸易畅通、资金融通、民心相通。2013

年9月，习近平主席在哈萨克斯坦纳扎尔巴耶夫大学发表重要演讲，首次提及"五通"建设，后来在我国发布的官方文件《推动共建丝绸之路经济带和21世纪海上丝绸之路的愿景与行动》中也再次对"五通"建设做出阐释。可见，"五通"已经成为我国建设"一带一路"的主旨要义，而"一带一路"合作机制的优化与发展也应放置于"五通"大的整体规划之中。"五通"的开展，一方面将使得沿线各国分享到我国发展红利，伴随着自身基础设施建设的不断完善而进一步致力于合作的深化；另一方面，"五通"的开展将有利于整合上文中所提及的两类合作机制，使得两类机制在相互交织的过程中，迸发出更多的发展活力。

第三，充分发挥外交优势。在优化"一带一路"合作机制的过程中，尤其是进行危机公关时，我国可借力寻求外交机制的保障。例如，可以通过首脑外交的形式深化政治共识，深化同沿线国家的政治互信，保证持续性合作。也可以通过公共外交的形式增强沿线国家民众对华的了解，促使民心相通逐步实现，为双边合作提供强大的群众基础。又如，可将我国"亲诚惠容""睦邻、富邻、安邻"的周边外交政策同"一带一路"倡议的开展相结合，在创建良好周边环境的基础之上，推进合作机制的优化发展。

二、中欧海上丝绸之路的合作

欧洲是古丝绸之路的终点站，对"一带一路"倡议非常积极。"一带一路"建设包括铁路、公路等基础设施，还有油气管道、电网、互联网、航线等，是多元网络，是中国对接欧洲、连接成欧亚大市场的重要计划。中欧在海洋观、海洋政策等方面具有广泛的共通性、共同性，中欧海洋合作完全可以成为中欧合作的新亮点。中国提出的"一带一路"战略是和欧盟海洋战略、欧洲各国的海洋战略的有效对接，特别是希腊将会成为中国到欧洲的重要门户、中国－中东欧合作的桥头堡。第三次中国－中东欧国家领导人会晤期间，中欧有关方面达成依托匈塞铁路、希腊比雷埃夫斯港等打造亚欧海陆联运新通道的共识，再次证明欧洲在"一带一路"建设中的关键地位。

（一）中欧海洋合作的领域

21世纪海上丝绸之路的提出，为中欧（既指中国－欧盟，也包括中国与欧盟国家）海洋合作提供了历史性机遇。第十六次中欧领导人会晤发布的《中欧合作2020战略规划》，提出了中国与欧盟在海洋领域的合作，提出加强在海洋综合管理、海洋空间规划、海洋知识、海洋观测与监测、海洋科技研发、海洋经济发展、海洋能源利用方面的交流与合作。[①]在"一带一路"背景下，中欧海洋合作的优先领域是双方海洋战略的有效对接，包括：

1. 维护海洋和平

海洋和平是中欧乃至全世界的共识，无论是在欧盟还是

---

① http://news.xinhuanet.com/politics/2013-11/23/c_118265413.htm.

在中国的海洋战略之中，维护地区和世界的海洋和平都成为海洋经济发展的基础所在。中欧分处亚欧大陆的两端，在海洋和平建构上有着广泛的合作空间。尤其在《欧盟海洋安全战略》和中国新海洋观提出以来，中欧海洋和平建设有着更加广阔的发展空间。而《中欧合作2020战略规划》也指出，中欧作为多极世界的重要力量，致力于加强在双边、地区和全球层面的对话与协调，携手应对地区和全球性挑战，推动国际秩序和国际体系朝着公正合理的方向发展。

在解决国际海洋争端时，双方应致力于将国际法和历史事实都纳入海洋划界的参考范围内。在维护某一区域海洋和平建设时，中欧应推动与区域国家的合作及政策相通。在共同打击海盗和海上恐怖主义活动问题上，中欧不仅有着广阔的合作空间，也有着许多具体的合作经验，这应当成为中欧海洋和平合作发展的基石。2009年为共同执行索马里反海盗任务，维护海上通道安全，中欧携手开展"亚特兰大行动"，取得了很好效果，增进了战略互信，增长了合作经验，产生了良好的示范效应。

2. 海上合作组织

地球71%的面积为海洋覆盖，90%的贸易通过海洋进行。作为全球化的始作俑者，欧洲在海洋上有传统的支配性影响力，在国际海事组织（IMO）、《国际船舶和港口设施保安规则》（ISPS规则）及《海上人命安全公约》（SOLAS）等各种国际海洋组织、条约、法律方面迄今具有主导性作用，是中国建设21世纪海上丝绸之路的不二合作伙伴。

为维护21世纪海上丝绸之路的安全，可仿照上海合作组织的成功经验，倡导成立海上合作组织（Maritime Cooperation Organization，简称MCO）。上海合作组织与东盟与中国的"10+1"是中国外交近十年的最伟大成就。现在到了将这两大成就升级、统合的时候了。

上海合作组织最初为解决中国与中亚、俄罗斯的边界问题而创设；海上合作组织也应因海上主权争端而起。首先，不同于上海合作组织，海上合作组织不划界，而着眼于海上权益的共识形成。简言之，不追求最大公约数，着眼于最小公约数。能形成海上合作的意识，减少麻烦，不搞对抗，就算成功。其次，海上合作组织致力于管理海上边界安全、资源共同开发与危机管理。为此，要倡导海上新安全观，深化"10+1"及"10+3"合作机制，以谈判中的中日韩自贸区和已生效的"10+3"自贸区为蓝本，打造东亚自贸区。再次，海上合作组织是包容性、开放性的合作组织，基本架构有三圈：内核是东亚国家组织；外核是区域力量对话机制，如美国、澳大利亚、印度等；最外圈是与欧盟、联合国等观察员论坛，将所有矛盾方、利益攸关方、关切兴趣方，都以不同架构包容进来。

这三方面构想体现了海上合作组织务虚、务实、务远并举的特征，关键是倡导、培育海上新安全观：其一，倡导包容性主权观，找到国家利益与国际公共利益的有效结合。为此应澄清"核心利益"说法，避免国内外民意的尖锐对立。我国国家利益是南海主权，国际共同利益包括国际资源、公海自由航行，两者可通过"包容性主权"这一新概念进行有机统———对于像南海这类特殊地域，尽管主权在我，但资源共同开发、公海航行自由与主权归属相容,以此转被动为主动,发起东南亚金融危机之后又一魅力攻势,拓展我国际威信。其二,在不使争端国际化的前提下,通过多边渠道倡导海上合作安全观。我国和有关国家都加入了《南海各方行为宣言》,签署了《东南亚友好合作条约》,这不应成为单方面约束中国和平发展战略的框框,应成为有关各方共同遵守的规则。我国应通过传统外交、公共外交做东盟国家工作,通过东盟精神和集体行动的逻辑,约束越南、菲律宾等国家的挑衅行为,树立共同安全观。其三,政府与民间两条腿走路,树立海上共同可持续发展理念。"搁置争议、共同开发"原则,本说给争议双方听的,现在成了越南"不理睬与我争议、与美国共同开发"的奇怪局面。关键是要造成事实争议——多派民事船只持续巡逻、开发,邀请美国等域外方共同开发。为此,应动员国内外社会资源,致力于和平利用南海资源、国际合作开发目标的实现。海上合作组织,是中国为亚太提供的安全公共产品,源于中国而属于亚太,体现了"包容性崛起"新战略思维。① 可以考虑联合东盟共同提出,以《南海各方行为宣言》和《东南亚友好条约》为指导,以《联合国宪章》为精神,倡导海上共同行为准则,对所谓的"海上航行自由"等做出规范,建立与上海合作组织对话机制,形成欧亚合作组织雏形。

海上合作组织的一个重要目标是共同维护海上通道的安全。中国同包括中欧国家在内的20多个国家积极参与亚

---

① 王义桅《超越和平崛起——中国实施包容性崛起战略的必要性与可能性》,《世界经济与政治》2011年第8期。

丁湾护航行动，中国和欧盟护航舰队还举行了两次反海盗护航演练，有力维护了相关海域航行安全。

3. 海上航运与物流合作

21世纪海上丝绸之路是链接亚非拉的友谊之路、贸易之路、合作之路。海上丝绸之路抵达亚的斯亚贝巴，链接亚非欧。中国经营的希腊比雷埃夫斯港，是中欧海上航运、物流合作的典范。从中国的沿海通过苏伊士运河经地中海到达比雷埃夫斯港，是中国到欧洲最短的航运距离。在比雷埃夫斯港，中国的中远集团同希腊企业进行了富有成果的合作。比雷埃夫斯港有着十分优越的地理位置，中国和欧盟的贸易规模巨大，欧盟是中国第一大贸易伙伴，每时每刻都有大量货物往来，其中80%通过海上运输。把中国到比雷埃夫斯港的这条航线建设好，它就能成为中欧贸易发展十分重要的又一条大通道，比雷埃夫斯港就会成为中国到欧洲的重要门户。

中希双方在修船业、船舶制造业等领域展开合作，并自比雷埃夫斯港开始逐步改造从希腊通向欧洲腹地的铁路干线。同时，中希还在推进航运产业合作。希腊是世界船舶运力第一大国，中国是世界船舶制造和货物进出口第一大国，也是希腊船东最主要的造船基地。双方合作正在向以航运为龙头的全产业链扩展，覆盖工业和服务业诸多方面，包括设计、营销、运输、物流仓储、金融保险等多个环节，实现优势互补。

4. 海洋产业合作

中欧建立战略伙伴关系以来，双边经济合作与贸易有了飞速的发展，但是，包括渔业、航运业等在内的海洋产业，中欧双方的合作则较为缓慢，这应当成为中欧海洋合作未来发展的一个突破口。

首先，中国正在致力于推动中欧铁路大通道建设，同时已经在希腊比雷埃夫斯港进行了大量投资，并计划从这一港口出发建设通往欧洲中、西部的高速铁路网络，海上、陆上交通运输的发展成为了进一步合作的推动力。

其次，中欧海洋产业结构有所差异，可以形成良好的合作与优势互补。欧洲在海洋资源开发、渔业、航运业等领域拥有先进的技术、丰富的经验，而中国在海洋资源结构、渔业等领域也有着自身独特的优势，中国上千年水产养殖的经验加上欧洲的新技术，可以有力推动水产业可持续发展，正是这种产业结构上的差异可以成为两者优势互补的契机。此外，双方在加强渔业管理合作、打击非法捕捞等领域有着合作的空间。而作为中国一方，早在20世纪90年代便提出了科技兴海战略，与欧盟的海洋产业合作可以成为中方海洋产业结构调整与升级的关键点。

5. 海洋环境保护

环境保护，尤其是海洋环境保护，需要区域内和全世界国家间的共同合作。在全球化日益深化的今天，海洋环境公共治理更是成为全球的热点问题。环境在21世纪初就已经成为欧盟战略的三大支柱之一，海洋环境保护是海洋可持续发展中的重要一环，中国也通过海洋环境立法、海洋污染控制等方式推进海洋环境保护事业。而《欧盟海洋战略框架指令》则是开创性地尝试采用基于生态系统的方法对海洋利用加以管理。

6. 海洋科学研究信息共享

信息互通是合作的重要前提，而相互间的信息不对称会成为双边合作产生疑虑和不信任的重要因素，特别是对于人类探索尚不完全的海洋，信息共享显得尤为重要。一方面，双方都应加速对各自辖区内海洋的探测力度，建构起全方位、多层次的海洋信息数据库；另一方面，"地平线2020"科研规划和网络信息共享平台有利于获取已有研究成果，推动双边海洋科学研究上的合作，并以科技合作推动经济等方面合作的深化。

具体在21世纪海上丝绸之路建设方面，按照政策、交通、贸易、货币、民心等"五通"原则，中欧将各自的海洋发展战略对接，共同致力于维护海上通道安全，将来还可拓展到包括为维护海上非传统安全而举行的其他联合演习，建设海上物流中心，将"中欧合作2020战略规划"予以落实，通过海上合作组织致力于海上秩序的共同维护，打造亚非欧合作的新版本。

（二）海洋观的相通性是中欧海洋合作的基础

中国新"海洋观"的提出是中国海洋战略出台的先声。虽然与欧盟海洋战略在合作领域划分、内容表述上有所不同，但李克强总理所提出的"和平、合作、和谐"的中国新"海洋观"与欧盟海洋战略在自身定位、内容和态度上均高度吻合，双方开展海洋合作有着深厚的基础。

从自身定位上看，中国与欧盟的海洋主张都是面向全球海洋开发问题的，而非限于自身所处的特定地理范围。

在这样一个极富开发价值又仍未确立通行国际准则的领域，中欧分别提出了各自的主张，这充分表明中欧双方在海洋开发领域均有志发挥国际影响力、参与国际规则制定。双方应加速推动海洋合作，就海洋开发利用过程中的国际规则问题达成共识。

从内容上看，中国新"海洋观"中建设"和平之海"的主张与欧盟海洋战略中的海洋安全和空间规划内容一致。双方均认为在海洋开发当中，应当注意维护海上和平，并致力于在国际法基础之上以和平协商的方式解决海洋争端；建设"合作之海"的主张，为中欧在海洋经济、海洋开发利用等方面的合作提供了希望。双方均支持建设海上通道、利用海洋资源、发展海洋相关产业、推动海洋科技的进步。建设"和谐之海"的主张则与欧盟海洋战略中数据共享、环境保护的内容相一致。双方均同意应当将海洋作为文明交流的纽带，做到开发与保护并重，善待海洋生态，保护海洋环境。对合作内容的认同将深化中国与欧盟的相互认知，加速合作的达成，并帮助双方在合作中得到所期望的收获。

从态度上看，中国新"海洋观"充分展现了中国作为海洋时代的后来者向前人学习的谦虚姿态，也表达了中国与欧盟及其成员国进行全面、深入的海洋合作的积极态度，这一点与欧盟在其海洋战略中所坚持的国际合作精神不谋而合。

另外，中国提出的新"海洋观"是与"一带一路"倡议相匹配的，即实现中国与周边、与亚欧国家发展战略的有效对接，构建更加紧密的利益共同体，从而全面提升各方合作水平，是中国塑造自信、负责的大国形象的最直接表现。相应地，欧盟在其涉及海洋开发、利用和保护的各项政策文件中也一直强调要同包括欧盟内部机构和成员、欧盟外各国政府、国际政府间组织（IGOs）和非政府组织（NGOs）在内的各种伙伴加强合作，以保证欧盟海洋战略的实施效果。双方积极的合作态度将帮助中欧双方在具体的合作过程中发挥出各自的优势，达到双赢。

（三）中欧海洋合作前景

中欧进行海洋合作的前景可大致从三个方向上进行把握：

首先，中欧在维护海上和平这一点上存在广泛共识，双方可合作推动确立国际通行的海洋开发和利用规则。在解决国际海洋争端时，双方应致力于将国际法和历史事实都纳入海洋划界的参考范围内。为顺利达成合作，建设"和平之海"的起点应当是相互支持对方为通航安全而做的努力。双方应共同打击海盗和海上恐怖主义活动，并以此作为进一步拓展海洋安全合作的基础。

其次，中欧海洋产业发展水平不同，构成中欧海洋合作的差序结构。从贸易上看，中国已经在希腊比雷埃夫斯港进行了大量投资，并计划从比雷埃夫斯港出发建设通往欧洲中、西部的高速铁路网络，加速中欧之间的贸易往来，真正将希腊建设成联通海上丝绸之路的欧洲门户；从海洋资源的开发来看，欧洲拥有先进的技术和丰富的经验，尤其是在海洋能源、矿产和生物资源的开发等方面，中国可以通过投资等方式加入到欧洲相关企业的生产活动中去进行学习，或与欧洲企业和研究机构合作进行相关产品的研发，实现国内产业的升级换代；此外，航运业与渔业是欧洲传统强势产业，也是不少欧盟成员国的支柱产业。中国在开展与欧洲的海洋经济合作时也不能忽视二者的作用，应向欧洲国家学习，并与中国海洋开发的具体环境相结合，提出适应中国需要的航运业和渔业发展规划。

再次，中欧可通过文化交流、共同解决"全球公域"问题，建设和谐海洋。中欧文明源远流长，文化资源充足，有着开展文化交流的充足资本。文化交流还能够起到增进友谊、加强互信的作用，对于日后深化中欧海洋合作有着十分积极的影响。同时，海洋空间存在着"公共领域"的诸多特点。虽然存在主权边界，但海洋空间从总体上看是连成一体的。因此，中欧要寻求建设"和谐之海"的基点，可以从全球性公共问题入手，寻找共同利益。如双方在防灾减灾、事故搜救、海洋环境保护等领域必然存在广泛的共同利益。中欧的合作将是两大文明间的合作，也将是一个负责任大国与一个"规范性权力"的合作。这样，二者所推动建设的海洋必然会是和谐的海洋。

当然，中欧在具体的合作中仍然需要相互妥协。如中国提出新"海洋观"的目的之一在于表明立场，并为解决目前所面临的周边海洋领土纠纷寻求国际支持。中国一贯坚持不干涉别国内政原则，并认为涉及主权的问题不应交由多边平台讨论解决，这一点与欧盟的政策主张存在一定的冲突。此时应强调当事方的自主选择权，以保证其他领域合作的顺畅达成。

（四）推动中欧海洋合作的途径

中欧开展海洋合作首先就是建立在中国学习欧盟海洋经验的基础上的。反过来看，中国经济的腾飞带来了大量的资金，这正是欧洲经济复兴所需要的重要资源。中国与欧盟在海洋开发与利用上合则两利，此时推动海洋合作符合双方的利益诉求。

中国为建设海洋强国提出了借鉴但不效仿欧洲海洋文明的新思路，这就要求中国在与欧洲的沟通和合作中充分吸收经验、吸取教训。当下中国与欧洲开展的海洋合作是新"海洋观"的首次应用，如能成功则将带来示范效应，为中国与其他国家和地区开展海洋合作提供先例，并真正成为指导制定中国自己的海洋战略的精神基础。

中欧海洋合作既有着广阔的发展空间，也面临着一定的挑战。尽管中欧海洋文明、海洋战略具有相通性，但毕竟中国与欧盟分属不同文明，特别是欧盟更是由28个成员国组成的区域性国际组织，在海洋合作的理念、措施和具体方式上都存在着一定的差异，而这些来自于中欧双边内部的差异性因素和一些影响中欧海洋合作的域外因素构成了中欧海洋合作所面临的挑战。

1. 海洋领土纠纷的处理方式不同

目前，中国在南海、东海等海域都存在着与周边其他国家的领土、资源开采等领域的纠纷。在处理此类问题时，中国采取的政策是根据公认的国际法和现代海洋法以和平谈判方式解决国际争端，一贯以不干涉内政原则作为指导。而针对具体问题，中国一贯强调问题是发生在双边国家之间的，只能通过双边友好协商解决与有关国家之间的分歧，反对多边平台和外部势力的介入。

但是，欧盟作为28个成员国组成的区域性国际组织，从本身看就是一个天然的国际平台，欧盟也倾向于在多边平台内处理海洋国际纠纷。这一问题需要双方针对彼此的特殊情况制定相应的政策，彼此谅解，加以沟通，消除这一因素对于合作的阻碍。

尤其是，太平洋、印度洋地区还存在欧洲的殖民地，作为前殖民地国家，法国、英国对越南、缅甸等问题深度介入，甚至鼓励越南对抗我国南海"九段线"，怂恿南海声索国去国际法院状告中国，给中欧海上丝绸之路合作投下阴影。

2. 域外大国因素的影响

海洋作为一个较为开放的空间，容易受到域外其他国家的影响。在中欧海洋合作中，俄罗斯、美国、日本等域外大国会对双边合作产生一定的阻碍。

俄罗斯作为中国长期的战略合作伙伴，在2014年更是决定不断扩大和深化务实合作，把中俄全面战略协作伙伴关系推向更高水平，中俄在政治、经济、贸易、文化等诸多领域都有着密切的合作关系。具体到亚欧大陆之上，中俄双方一直致力于寻找丝绸之路经济带项目和将建立的欧亚经济联盟之间可行的契合点：一方面，这将推动亚欧经济整合，为中欧各方面合作提供有利的契机；另一方面，俄罗斯无疑与欧盟成为了竞争者，虽然中俄海洋合作的重点在于东北亚和北极，但是，乌克兰危机的发生使俄欧关系呈现出冷淡的趋势，中国－欧盟－俄罗斯将会成为一个并不稳固的三角关系，这种关系将会延伸到海洋合作领域，成为中欧海洋合作的制约因素之一。

而在亚太地区，目前美日同盟与中国间的关系也是微妙的合作与竞争的关系。一方面，中国与美国、日本之间的合作领域日益扩展、双边关系逐渐深化；另一方面，在美国"亚太再平衡"战略的指导之下，美日同盟对中国存在事实上的制约与围堵。而作为美国长期合作伙伴的欧盟，从战略上更加亲近美国，这种态度上的接近也将会对双边合作的政策产生偏向性的影响，特别是在亚太地区的中欧海洋合作会受到美日同盟的更大阻碍。

3. 中国、欧盟各自内部的不统一

中国作为独立的主权国家，在中欧海洋合作中是作为一个整体进行活动的。但是，具体考察中国海洋政策的制定过程，中国内部各个政府部门、各个省份之间有着不协调乃至竞争性的关系。如在"一带一路"战略提出后，中国的每个省份都针对本省的状况提出了在"一带一路"战略中本省的地位和重要性，争做"桥头堡"，这既是对国家战略的积极反馈，将会促进国家战略的实施，又将会在一定程度上形成彼此之间的张力，从而在内部产生阻碍因素。同样的状况也

会出现在不同的部门之间，针对中欧海洋合作，渔业、海事、航运等部门都有着彼此不同的部门利益，这会对中欧海洋合作产生不协调的不利影响。

而这一情况在欧盟内部也存在。作为国家间的国际组织，虽然欧盟在近年来一直致力于"用一个声音说话"，但是 28 个成员国之间国家利益的协调是欧盟长期面临的一个问题。对于与中国的合作，各国都有着出于自身国家利益的考量，因此，欧盟需要在双边海洋合作中尽可能地协调各方关切，以消除成员国之间的摩擦与不协调。

4. 中欧文明观的不同

中国海洋强国梦，不能也不会走欧洲老路。[①] 尽管今天的中欧海洋观有相通性，但传统观念仍会制约双方合作的互信。

中欧都是《联合国海洋法公约》的缔约方和支持者，但具体操作起来，欧方不能完全理解中国在南海、东海等主权权益上的历史合法性，对于解决南海问题的"双轨思路"理解也不到位，导致双方时有龃龉。合作起来，就要灵活处理，或求同存异，或聚异为同，关键是有效管控分歧。

欧洲作为蓝色文明，在历史上进行了长达数个世纪的海上争霸，虽然在两次世界大战后回归了大陆，但是其海洋文明的内核是不变的。从欧洲人的视角来看，中国以和谐、和平为内核的文明是截然不同的文明类型，因而对于中国的海

---

① 王义桅《海殇？——欧洲文明启示录》，上海人民出版社，2013 年。

洋政策，西方也会做出扩张、争霸，乃至渲染"中国威胁论"的反应。而从中国人的视角看欧洲，则容易出现盲目崇拜和一概排斥两种极端的情况，把欧洲更多地作为中国的敌人而非合作伙伴。这种文明上、文化上的不同直接反映在合作上便是对对方的猜疑和不信任，对对方的政策容易从自身的角度做出与对方意图相悖的解读，从而在政策上形成制约。

针对这些困难，为了推动中欧海洋合作的发展，需要从以下几方面做出努力：

第一，以共同关心的公共问题为切入点，深化战略互信。中国与欧盟在海洋和平、环境保护、打击海上恐怖主义等全球公共问题上有着广泛的共同利益，而这些双方共同关心的公共问题也应当成为中欧海洋合作发展的基石。通过公共问题的合作解决，可以推动双边在更加丰富的领域进行合作，建构战略互信。为此，要有效管控分歧。

第二，加强信息沟通与交流，构建信息共享平台。信息互通是合作的重要前提，拓宽信息分享的途径将为合作打开更加广阔的前景。

第三，战略理念上根本性的不同需要彼此谅解，求同存异。针对领土纠纷问题，中国与欧盟在解决问题的理念上有着根本性的不同，而这一不同是由双方的历史、结构、文化等诸多因素造成的，在一定的历史时期内难以改变。中国与欧盟寻求的是海洋合作，而非海洋战略上的完全一致，双方应当正视彼此存在的不同，加强对话，寻求彼此的谅解，把差异对合作造成的不良影响控制在最低的限度内。

第四，构建开放性平台，与域外国家加强合作。中欧建立海洋战略上的合作并非是联手称霸，更不会对域外国家带有排斥性的态度。中国、欧盟、俄罗斯、美国等既有着广泛的共同利益，也不可避免地存在矛盾。作为亚欧大陆两端的两个重要的国家和国际组织，应当为世界的和谐稳定发展承担责任。中国与欧盟在海洋合作上不应持有狭隘、封闭的态度，而应当将合作平台建成开放性的，在双边合作的同时努力与域外国家消除矛盾，增进合作。

第五，协调内部关系，调动内部积极因素。作为国家的中国和作为国际组织的欧盟，应当妥善处理内部各部分之间存在的张力，努力激发其中积极的、能够促进合作发展的因素，努力减少对合作的阻碍性因素。为此，双边（如中法、中英、中希）与多边（中国与欧盟）协调推进、政策与理念相得益彰，成为中欧海上丝绸之路合作的可行途径。

第六，加强文明对话，推进中欧文明伙伴关系建设。2014年3月，中国与欧盟就新形势下深化中欧全面战略伙伴关系达成了重要共识。习近平主席强调，要从战略高度看待中欧关系，将中欧两大力量、两大市场、两大文明结合起来，共同打造中欧和平、增长、改革、文明四大伙伴关系，为中欧合作注入新动力，为世界发展繁荣做出更大贡献。其中，中欧文明伙伴关系的建设可以促进两大文明间的沟通与对话，增进对彼此文明的理解，从而能够从对方的角度思考战略的契合点。具体而言，双方要通过平等对话交流，增进相互了解，加强文化、媒体、旅游等领域的交流合作，扩大互派留学生规模，共同支持中欧关系研究工作。

总之，中欧将各自海洋发展战略对接，共同致力于维护海上通道安全——正如索马里反海盗所显示的，包括为维护海上非传统安全而举行的联合演习；建设海上航运、物流中心——正如希腊比雷埃夫斯港所呈现的，将"中欧合作2020战略规划"予以落实；条件成熟时可共同创立"海上合作组织"，致力于海上秩序的共同维护，打造亚非欧合作的新版本。双边与多边协调推进、政策与理念相得益彰，有效管控分歧，成为中欧海上丝绸之路合作的可行途径。

三、柬埔寨对"一带一路"的十大担心

2015年底，笔者曾应邀赴柬埔寨参加由金边皇家大学（RUPP）与中国驻柬使馆共同举办的"'一带一路'及其对柬埔寨的影响"国际研讨会，柬埔寨副首相索农、国务部长兼商务部部长孙占托等柬高官以及中国驻柬埔寨大使布建国出席开幕式并做主旨演讲。来自越南、印度尼西亚、泰国等东盟国家的30余名学者和在柬中资企业如华为、中国银行等200余名代表参会。

会上，东盟各国普遍对"一带一路"积极响应，担心不抓住机遇就会被边缘化，但具体问题上，由于了解不够或先入为主，存在这样或那样的问题。概括起来，就柬埔寨而言，对"一带一路"有十大疑问或担心：

其一，能否让柬埔寨国内先互联互通，再与"一带一路"项目联通？柬竞争力差，本国仍不通，怕被落下。柬人太穷，怎么能接受先修路、再付费过路呢？

其二，穷国是否只是作为"一带一路"的过道或洼地，

或规则接受者，受益不多？如何分担权益与风险？

其三，柬从哪儿、怎么对接？幸亏有了亚投行、丝路基金，否则柬更不知道"一带一路"有什么抓手。但问题是，丝路基金那些钱是谁的？柬没贷款能力，中国会无偿贷吗？柬埔寨最高国家经济委员会（Supreme National Economic Council）资深顾问 Mey Kalyan 问：能否申请丝路基金用于国内基建？"一带一路"建设成本高，收效慢，柬选举政治周期怕等不及。

其四，是否削弱东盟的主导作用？是否导致东盟倡导的RCEP被虚化？"一带一路"着眼于跨国、洲互联互通。柬埔寨先参与东盟的互联互通计划，再通过东盟与"一带一路"对接较放心。

其五，如何尊重柬埔寨国内社会习俗？柬埔寨国内华人比例才一成左右，浙江商会等再活跃，终无法进入高层，影响当地社会走向能力有限。中国人在柬人脉仍然不够广、根基仍然不深，如何让走进柬埔寨的中资企业尊重柬社会习俗，受当地民众欢迎，任重而道远。

其六，现在搞互联互通，是否中国要输出模式、干涉柬内政？会上，柬埔寨合作与和平研究所执行理事 Pou Sothirak 大使对 2012 年柬任东盟轮值主席时由于中国的压力而使东盟峰会史上首次未发布联合声明耿耿于怀，公开抱怨中国损害柬外交自主性，声称"小国也是有原则的，大国应该尊重"。当时中国直接警告柬，南海是中国核心利益，中国绝不会让步。他得出结论：东盟为中国核心利益让步。笔者回应：你们指责中国不让东盟峰会声明谈南海，是因为中国与东盟并无领土、主权权益争端，只是与东盟一些成员国有争端，这是保护东盟啊！你们怎么不指责谁让东盟峰会声明塞进南海争执的呢？！

其七，能否对柬转让技术？华为公司在柬埔寨发展迅速，不少柬埔寨人希望华为能转让技术给他们，正如当年我们对西方发达国家提出的要求一样。

其八，基建项目对环境影响如何？柬埔寨经济发展迅速，担心落入中国式"先污染、后治理"的窘境。尽管中国官方承诺建设"绿色丝绸之路"，但承诺容易，落实起来难。中国企业并不按照官方要求行事。

其九，是否雇用当地人？柬埔寨人教育水平、技能跟不上怎么办？会上，新加坡学者提醒，机器人革命导致劳动力密集国家只有十五年机遇了。柬埔寨学者心急如焚，抓不住机遇将来怎么办？柬缺乏像中国的国企，中小企业如何从产业链低端向高端迈进？

其十，是否引发中日和中美间的竞争与角逐？小国如柬埔寨难在巨人间跳舞，担心成为地缘政治牺牲品。柬官员表示，日本对柬很好，"一带一路"来了是否会挤掉日本市场？会上，越南学者妄称，"一带一路"是中国抵消美日影响、称霸亚洲的战略，会导致"中国主导、东盟围绕中国转"这种类似美国辐辏（hub-spoke）的亚洲秩序。柬埔寨学者对此回应，随着"一带一路"建设推进，担心柬将来更加依赖于中国，不安全、不踏实，主张"有限追随中国"（limited bandwagon to China），希望加入TPP以平衡中国影响，显然得到了新加坡学者的点拨。

针对种种疑问，笔者表示，"一带一路"就是一个地区、国际经济合作倡议，你们是不是受美西方影响，想得太多了？！说中国"一带一路"倡议是想帮助你们发展，你们不相信——中国有那么好吗？说中国有推动经济转型和增长的考虑，你们又说——把我们当作你解决产能过剩的工具啊！你要中国怎么做、怎么说才好？

看来，柬埔寨人的心理是矛盾的：既想抓住"一带一路"机遇，又担心抓不住、抓不好，或抓住了又带来种种影响，显示柬埔寨开放但缺乏自信。

所幸，这些担心或顾虑并不意味柬埔寨人不欢迎"一带一路"，也并非官方看法，只是代表了受美国影响大的部分学者的认识，直白表明了柬埔寨年轻一代担心中国的战略企图，对中国有不放心的一面。有鉴于此，笔者发言甫一结束，便测试在场的柬埔寨人——如果认为"一带一路"对柬埔寨不好的，请举手，结果没有一个人举手。这说明，如果没有"一带一路"，类似担心可能也有，关键是"一带一路"如何一开始就应引以为戒，逐步消除这些担心。

现任柬埔寨首相洪森是资深政治家，明白事理，对华友好，但后继乏人。如何培养知华、友华中生代政治家？执政的人民党地位不如以前那样具有垄断优势。柬埔寨经济发展快，非常开放，八成流通货币是美元，受美国影响大。柬埔寨1500万人口，竟有5000多个NGO，是人均NGO最多的国家之一，许多地方政府的权威尚不及NGO。如果帮助某个地方修一条公路，保护猴子、大象甚至青蛙的NGO纷纷出来抗议，办好事都难。柬埔寨学者会上表示，中国人通常与柬埔寨官方打交道，不接地气，不了解柬基层情况，投资不针对基层需要，这样无法在柬埔寨立足。

的确，西方人走出去，通常是传教士先行，商人如影随形。传教士学习当地语言，了解当地文化习俗，从事医疗卫生、教育扶贫先赢得当地民心，才打开局面的。相比之下，我们走出去缺传教士精神，缺语言人才，缺奉献和耐心。

柬埔寨是世界上的穷国之一，经济基础薄弱，没有一条高速公路，理应欢迎中国的"一带一路"倡议，但近些年受西方民主政治影响，社会二元结构明显——经济是发展中国家的、思想意识有深刻的西方烙印，这是"一带一路"沿线国家较普遍的情形。笔者常常感慨，我们是在与一个西化的世界打交道！"一带一路"建设无法绕开西方。会上，笔者以欧洲尤其是英国积极参与"一带一路"建设为例，很能打动他们。笔者介绍了"一带一路"的总体构想。听完后主办方旋即提出要将笔者专著《"一带一路"：机遇与挑战》英文版翻译成柬文出版，折射出柬埔寨社会希望更多直接了解中国的现状。

中国成为柬埔寨第一投资国，作为"一路"的示范工程——西哈努克港口建设，已经在激励柬埔寨人抓住"一带一路"机遇。我们有理由相信，只要我们认真贯彻丝路精神，贯彻正确的义利观，对柬埔寨这样的国家多予少取，将"一带一路"置于联合国后发展议程中，一定会在柬埔寨树立样板与口碑。

柬埔寨的上述担心，具有一定的代表性，尤其表达了东盟弱国、小国的心态，必须予以高度重视。柬埔寨是中国的传统友好邻邦，尚且有那么多担心、疑惑，说明我国"一带一路"建设首先要实现"民心相通"，要多倾听、解释，真正做到共商、共建、共享。

四、如何克服欧洲人对"一带一路"的认知悖论？

欧洲是丝绸之路终点站和发达国家集中的地区，跟中国没有根本的利害冲突，故积极加入亚投行，积极抓住中国崛起机遇，因此是建设"一带一路"和争取制度性国际话语权的重要合作伙伴。分析欧洲人对"一带一路"的担心，对欧洲人讲好"一带一路"故事，尤显重要。

名不正则言不顺，言不顺则心不齐。"一带一路"必须正视已有或将来会冒出来的稀奇古怪的认知风险。种种认知风险，在对欧工作中得到鲜明体现。

（一）欧洲人怎么看"一带一路"？

至少有两大原因，使欧洲人对"一带一路"充满兴趣：一是丝绸之路是德国人李希霍芬1877年命名的，迄今国际上对"一带一路"研究最深入的就是德国智库，如席勒研究所。可以说，欧洲人拥有丝绸之路的知识产权。"一带一路"的"五通"也学习了欧洲一体化"四通"——商品、劳务、人员和资本自由流通的经验。二是欧洲人对TTIP怀疑和不满越加剧，对中国"一带一路"倡议就越感兴趣，希望在大西洋关系之外有新的选择。笔者2015年6月参加保加利亚斯拉夫基金会举办的"欧洲向东看"国际研讨会，对此印象深刻。中国与中东欧国家"16+1"合作机制集中纳入"一带一路"合作框架下，更是互联互通引领中欧合作务实推进的鲜明写照。

总的感觉，大凡对中国友好的，便积极评价"一带一路"；大凡对中国不那么友好的，便多怀疑之。大凡期待从中国崛起获益的国家，多看重"一带一路"可能带来的好处；大凡保守、害怕变化的国家，多质疑"一带一路"的动机与后果。总的看，欧洲人对"一带一路"有两大期待：一符合我利益——帮助欧洲企业公平竞争进入中国市场和"一带一路"项目；二符合我价值观——人权、民主、法治。于是，欧洲人多借助"一带一路"提自己要求。

欧洲人老是自视为西方，其实自古是与东方紧密相连的，丝绸之路就是重要媒介。如今中国要复兴古丝绸之路了。这样，中国与欧洲，不再是东西方关系，而是共同回归人类文明中心地带——欧亚大陆。笔者2015年4月28日在欧盟重要智库——马达里亚加－欧洲学院基金会举办的"丝绸之路复兴背后的涵义"午餐研讨会上的观点，引发80余名与会欧盟官员、学者、记者的激烈讨论。研讨会通过Twitter现场发布，受到广泛关注。[1]

马达里亚加－欧洲学院基金会执行总裁德福安教授主持研讨会开幕致辞时感慨："欧洲善于维持现状，而中国正高效地改变世界。"这一开场白激发了欧洲人的三大疑问：

其一，"一带一路"是什么？研讨会另一位发言者——

---

[1] http://www.madariaga.org/publications/event-reports/1037-reviving-the-silk-road-what-is-behind-it.

法国国际关系研究所（IFRI）中国中心主任范文丽称，"一带一路"更多还是愿景，看不到具体行动。

其二，"一带一路"想干什么？"'一带一路'除了中国国内的经济动因外，还有能源获取和安全战略的考量，并且服务于中国追求世界领导权。"范文丽判断。

其三，"一带一路"能否建成？"亚历山大远征、罗马帝国扩张都未曾完成如此辉煌的业绩。中国如今要改写世界地缘政治版图。"这是主持人德福安的感慨。与会欧洲人接茬儿发问，中心思想就是——我们欧洲人当年做不到，你中国人今天就能搞定阿富汗、伊斯兰国等众多威胁？！中国人民解放军将来要去沿线保护那些基础设施？！

为这三大问题困扰，与会欧洲人还未及考虑"一带一路"建设及建成之后对欧洲意味着什么，对"一带一路"还有几大担心：其一，影响欧债危机后续治理措施。南欧、中东欧地区正受到中国投资诱惑，可能妨碍欧债危机后治理措施、效果。其二，分而治之。欧洲各国对中国"一带一路"的欢迎程度不一，对中国投资态度不一，可能因此分散欧盟国家注意力，导致中国通过"一带一路"对欧的分而治之。其三，标准、规范。中国的"一带一路"是否符合欧盟推崇的环保、劳工标准？是否符合欧盟强调的全球治理、地区治理观？其四，侵蚀睦邻。欧盟的南方、东部睦邻政策，涉及对西亚北非、高加索等地的援助、治理，如今可能受到中国"一带一路"的侵蚀。其五，另建体系。"一带一路"在建设中国的全球化体系，一可能惹恼美国，逼迫欧洲在中美间选边站；二是带来不稳定，影响国际秩序走向。

为此，笔者一一耐心做了解释，概括起来就是三句话：首先，"一带一路"不只是合作倡议，更有大量合作计划做支撑，之所以未一下子公布清单，是因为需要与沿线国家、地区协商，不能硬塞给对方。其次，"一带一路"的合法性在于世界日益增长的对合作公共产品需求与落后供给能力之间的矛盾，中国并非追求什么世界领导权，而是联合沿线国家发掘洲际、区域合作潜力，服务于地区繁荣与长治久安。再次，"一带一路"既带来巨大合作机遇，当然也面临众多风险，需要包括欧洲在内的各国合作应对，尤其是南海主权纠纷，需要以双轨思路妥善处理。

退一步说，古人云"取法乎上，得乎其中"，即便"一带一路"设想未能完全实现，也比眼光短浅、沾沾自喜强。听到笔者这种说法，与会者无一不折服于中国传统智慧。

当笔者引用布隆伯格分析数据——到2050年，"一带一路"将为世界新增30亿中产阶级，说明"一带一路"将给欧洲带来八大机遇时，欧盟官员表示可考虑将欧盟新提出的欧洲投资计划——"容克计划"与"一带一路"对接，实现欧亚互联互通，推动世界经济发展与全球治理。当然，操作起来还需要欧方像"一带一路"那样开放、包容。①

经过耐心解释和对话，欧洲与会者渐渐舒展了面容，怀疑"一带一路"意图以及能否建成的比例大幅下降。笔者乘势请与会者举手表态，发现多数欧洲人对"一带一路"有了

---

① Wang Yiwei, One Belt One Road: Opportunities for Europe-China Cooperation, *Europe's World*, May 13, 2015.

信心。笔者询问未举手的缘由，没有不希望建成的，只是有前提——"一带一路"建设要按照市场化和国际规则进行，解决欧方关心的治理、劳工标准、环境标准及可持续发展等问题，希将其与联合国后发展议程对接。再问"一带一路"对欧洲是祸是福时，没有一个认为是祸。

"欧洲人应该感到骄傲，在中国历史书上是找不到'丝绸之路'一词的，那是德国人李希霍芬1877年提的概念。因此，欧洲拥有'丝绸之路'的知识产权。"当听到这，欧洲人的精神劲儿一下子提起来了。笔者表示，感谢欧洲朋友对建设"一带一路"风险的提醒，其实这些笔者《"一带一路"：机遇与挑战》[①]一书中均已分析，中国的信心来自"共商、共建、共享"的理念，简单说来是44亿人一起想、一起建，正如亚投行一样，完全按照市场原则和国际规范办事，建设绿色、环保和可持续的"一带一路"，域外国家包括美国也会参与进来。如此，欧洲人心宽多了，十分期待早日读到拙著的外文版。有欧洲友人私下对笔者表示，欧洲人不习惯中国式"自上而下"思维方式，疑问重重，切莫见怪。

当然，布鲁塞尔只是欧洲缩影而绝非全部。笔者此前在波兰卡托维茨举办的欧洲经济大会"中欧经济论坛"上，也讲述了"一带一路"带给中东欧国家的机遇，与会者表现就积极得多，渴望吸引中国投资、参与"一带一路"建设。

---

① 王义桅《"一带一路"：机遇与挑战》，人民出版社，2015年。

（二）欧洲对"一带一路"的十大担心

笔者多次赴欧巡讲"一带一路",总体观察,欧洲人对"一带一路"评价积极,愿意从中寻找合作机遇,但有以下担心:

担心中国战略扩张。"一带一路"过于宏大,中国可能在搞新的投资大跃进。

担心地缘政治冲突。"一带一路"涉及诸多冲突地区,会卷入地缘政治冲突,引发新的地缘政治变动。

担心无法应对安全风险。中国无力应对"一带一路"沿线国家的安全治理能力。

担心影响欧洲的治理标准。"一带一路"采取的标准、规范可能有悖于欧洲标准、规范,尤其是中国与中东欧国家及欧洲周边国家合作,妨碍欧洲推行的治理。

担心俄罗斯的反弹。"一带一路"经过俄罗斯及俄罗斯势力范围,可能引发俄罗斯猜疑,导致俄罗斯反制。

担心引发国际格局变动。"一带一路"形成"参与者 - 追随者（taker-follower）"分化,影响国际格局、国际秩序变动。

担心流于宽泛,不了了之。"一带一路"没有示范项目（pilot project）,可能流于形式,不知如何参与。

担心影响欧亚一体化。"一带一路"雄心勃勃,将欧亚大市场乃至一体化作为奋斗目标,不切实际。欧洲推行一体化不容易,何谈欧亚大陆?

担心引发债务危机。中国投资扩张及"一带一路"沿线投资热,可能引发债务危机,牵连欧洲,影响世界金融局势。

担心缺乏制度性安排。中国人不注重制度性安排,"一带一路"沿线国家法律制度不完善,使得"一带一路"建设可能不稳定、不可预期，影响国际制度建设。

（三）对欧"一带一路"公共外交，要遵循"十少十多"原则

针对欧洲人对"一带一路"的十大担心，对欧洲人宣介"一带一路"，要切实注意"十少、十多"原则：

1. 少讲文明历史，多讲现实合作

丝绸之路是东西方文明交流之路，我们也提出与欧盟致力于建立文明等四大伙伴关系，因此对欧洲人讲"一带一路"，我们也自然把"文明""历史"挂在嘴边。但是，"欧洲人听到'文明'一词，首先想到昨日辉煌，与帝国兴衰相连，因而不舒服"，2015年6月欧盟智库"欧洲之友"（Friends of Europe）中国问题专家莎达（Shada Islam）对来访的中联部当代世界研究中心代表团坦言。看来，要多讲"一带一路"给欧洲人就业、经济增长、再工业化等带来什么现实利益，才是根本。

2. 少讲欧亚，多讲东西方

欧亚成为俄罗斯代名词。在乌克兰危机后，欧洲人可谓"谈熊色变"，对普京力推的欧亚经济联盟十分敏感。因此，"一带一路"对欧公共外交，要多讲东西方合作，少讲欧亚大市场。对俄罗斯、马其顿、土耳其、伊朗、蒙古这些曾为横跨欧亚大陆帝国的国家，可以多讲欧亚。此外，《马可·波罗游记》曾流行于欧洲，激发欧洲人担心中国是否会入侵欧洲的联想。如今，除了对意大利人以外，"一带一路"也要慎提马可·波罗。

3. 少讲战略，多讲计划

"一带一路"如何定位？现在存在"对内讲战略，对外讲倡议"的现象。这当然考虑到内外有别，避免外界对中国战略企图的担忧，且战略是单方面的。但是，全球化时代很难做到内外有别，欧洲也有许多战略如"里斯本战略"的提法，对倡议则觉得空洞，不如计划具体，便于参与。欧洲人对"马歇尔计划"就较亲近。因此，对欧洲人要多讲计划，不必急于将"一带一路"与"中国版马歇尔计划"撇清。欧洲人民党智库马腾斯中心（Martens Centre）2015年6月在接待中联部当代世界研究中心"一带一路"调研组时，还提出中国"一带一路"要学习"马歇尔计划"，比如在私有化、市场化方面的经验。

4. 少讲宏观，多讲微观

中国人善宏大叙事，往往上下五千年、纵横千万里，但欧洲无此雄心，多关心具体项目。依笔者多次在欧洲宣介"一带一路"的经验，欧洲人对"一带一路"的误解正如油画理解中国山水画：无法企及大写意之境界！笃信"魔鬼在细节里"，欧洲人对抽象的不那么感兴趣，在乎细节和具体，关心自己是否涵盖在"一带一路"沿线国家之列。这里就存在一个问题，抽象讲"一带一路"，欧洲人不好懂；具体拿所谓新华"一带一路"地图讲，不在沿线的欧洲国家又抱怨，甚至对你补充说明"一带一路"坚持"开放、包容"的原则也充耳不闻。结合这两方面情形，对欧洲人讲"一带一路"，总体上要多写实，少写意，对非沿线国家要多写意，沿线欧洲国家多写实。

5. 少讲结果，多讲过程

随比利时国王访问武汉的欧洲友人告诉笔者，"武汉每天不一样"的宣传口号，欧洲人见了就害怕。欧洲人心态不像中国人那么年轻，担心变化，害怕不确定性。要多对欧洲人讲，变的是形式，不变的是实质。同时，欧洲国家多党制居多，很羡慕中国共产党长期执政，说中国是"低头想五年、抬头想十年，心中想五十年"。因此，对中国人大谈"两个一百年""五星出东方利中国"时，可谓羡慕加嫉妒。欧亚中心（EU-Asia Centre）主任卡梅隆（Fraser Cameron）告诉笔者，中国想得大而长远（China thinks big and long），让欧洲人担心会上"一带一路"的圈套。这样，我们就不能对欧洲人讲"一带一路"将来给世界带来什么结果，而照顾欧洲人对程序、规则、法治的钟情，多讲过程："一带一路"是绿色、环保、可持续的，基于21世纪的全球化与地区合作理念。

6. 少讲顶层设计，多讲基层参与

欧洲社会党智库——欧洲进步研究基金会（Foundation For European Progressive Studies）提醒来访的中联部当代世界研究中心"一带一路"调研组，一定要汲取TTIP教训——欧盟领导人靠顶层设计，走上层路线与美国谈判，惹急欧洲人，引发欧洲议会反弹，给欧委会下达谈判建议，与美国谈判的每条内容都要欧洲议会逐一审议表决，进展缓慢。"一带一路"不能搞中国人习惯的自上而下（Top-down）那套，要入乡随俗，对欧洲人强调自下而上（Bottom-up）强调基层、地区、行业全程参与，有利于争取民众支持和议会批准合作项目，这也是中欧民心相通的重要内涵。

7. 少讲推进，多讲分工

推进"一带一路"战略，建设"一带一路"，已成为我们的口头禅，一些人还对"西进战略"念兹在兹，不仅让人担心，还误导我们自己。其实，以国内搞经济建设那套搞"一带一路"是不行的。对国际社会讲，应突出分工、分责。一味推进是军事扩张行为，强调地缘政治效应，什么改变世界经济地理和地缘政治格局之类的话，会吓坏欧洲人。对欧洲人就应多讲经济合作，将安全问题包含在地区治理环节，突出市场分工。对于自己分工参与的项目，欧洲人才放心，才有积极性、责任心。

8. 少讲机遇，多讲风险

笔者在米兰、布鲁塞尔、布拉迪斯拉发、索菲亚等地讲"一带一路"给欧洲带来八大机遇时，欧洲人的普遍反应是——作为过来人，深知扩张之风险，我们过去都未做到，中国今天能做出？因此，对欧洲人讲"一带一路"恐怕还得多讲风险，少讲机遇——讲机遇也多讲共同机遇，讲风险应对之策，讲共担风险之道。强调"一带一路"之"共商、共建、共享"原则外，还要强调"共担"。只有战略才是自己担风险的，"一带一路"是地区合作倡议与发展计划，强调"共担风险"不仅符合市场化原则和国际规范，还能让人放心，增强合作的成就感。

9. 少讲国别，多讲欧洲

笔者常拿重庆—杜伊斯堡的渝新欧铁路，讲"一带一路"给欧洲带来的便利。布鲁塞尔的朋友就提醒说，不能突出国别，尤其是德国，因为其他欧洲国家担心中国就盯着德国等发达经济体，嫌弃欧洲穷国，如保加利亚、罗马尼亚等发展中国家，对此十分敏感。何况希腊债务危机把德国放在火上烤，"笨猪国家"对德国都有情绪呢。甚至像中国-中东欧国家合作机制（"16+1"），可以放在"一带一路"框架下讲，但要强调互联互通是地区融合之道，尊重欧盟整体治理、法律体系，支持欧洲一体化，避免给人留下中国借助"一带一路"引诱、分化欧洲的错觉。

10. 少讲中国，多讲国际

中国的"一带一路"战略，深深烙在不少人脑海中，甚至将"一带一路"当作西部大开发的延伸或中国的对外援助与经济扩张。欧洲重要智库欧洲对外关系委员会（ECFR）就曾发表"一带一路"是中国"对外大扩张"的报告，[①] 正是受到这些舆论的影响。一些人更是对中国主导、争夺规则

[①] François Godement, Agatha Kratz (eds), *"One Belt, One Road": China's great leap outward*, ECFR report 10th June, 2015. http://www.ecfr.eu/page/-/China_analysis_belt_road.pdf.

制定权十分上心，甚至把"亚投行"说成是中国的，服务于"一带一路"的，不仅让欧洲人担忧，也有违常识。"一带一路"是中国的国际、地区合作倡议，并非中国战略。

这"十少十多"，归结为一句话，就是尊重欧洲人的心态和关切，不能以己度人、一厢情愿。不同于中国强政府弱社会模式，欧洲是多层治理产物。向欧洲人宣介"一带一路"，主张对接"一带一路"与"容克计划"时，要多层沟通，既要跟欧盟机构接触，也要跟欧盟国家接触；既要跟中央政府接触，也要跟地方政府接触；既要跟精英接触，也要跟民间接触；既要跟企业接触，也跟行业接触，重视行会、商会作用。只有让欧洲彻底失望于美国，彻底信赖中国，才能赢得欧洲，而得欧洲者得天下。不妨借鉴历史上的"老子化胡说"以接纳佛教，我们也应强调"一带一路"对古丝绸之路的继承与发展，是欧洲价值观的折射，是欧洲重新塑造世界的机遇。

这说明，"一带一路"不能强"推"，还要对方"接"。欧洲是真正治理过世界的。"一带一路"沿线65个国家许多是欧洲的前殖民地。必须借助欧洲经验，争取欧洲支持，携手建设"一带一路"。

当然，欧洲发展也不平衡，对华态度不一。欧洲人心态老而保守，对欧洲人，要像对待老人和孩子，多哄着点：不听老人言，吃亏在眼前；老人和孩子的相似之处，就是心态较脆弱，一定要注意方式方法。

为此，必须加强对欧洲自下而上的沟通。侧重影响欧洲社会、企业层面。加强商会对话，可考虑成立丝路商会。加强地方间合作，强化城市外交。中国地方省份与欧洲国家大区合作，城市、地区结对子。加强对欧洲议会和各国议会工作。加强全国人大－欧洲议会对话，加强地方人大与欧洲国家、地方议会接触。加强智库沟通。成立中欧智库联盟，就"一带一路"举行定期专题对话会。强调"一带一路"建设要按照市场化和国际规则进行，解决欧方对治理、劳工标准、环境标准及可持续发展等的关切，希将其与联合国后发展议程对接。加强中欧战略磋商，加强中国与欧盟成员国的战略磋商，抓住"一带一路"地区支点国家，形成合理分工体系。

大国崛起须站在巨人肩膀上。欧洲不仅是古丝绸之路终点站，更治理过世界，拥有政策、贸易、设施、资金、民心等"五通"国际话语权，是"一带一路"建设的不二合作伙伴。"一带一路"沿线国家与欧洲有着千丝万缕的联系，争取欧洲的支持还具有全球意义。欧洲的例子说明，必须有针对性地克服"一带一路"认识风险，切实有效回答其关切。

推而广之，如何克服认知风险？必须确立这样的认识，即丝绸之路是欧亚国家的共同记忆，"一带一路"也是沿线国家的共同事业，始终坚持"共商、共建、共享"原则，通过共商共建丝绸之路，达到共担风险、共襄盛举的目标，为此要更有效地传播丝路文化、讲好丝路故事、阐明丝路精神。

古人云，"国之交在于民相亲、民相亲在于心相通"。欧洲的例子表明，"一带一路"要做到"知行合一"，自始至终坚持"共商、共建、共享"原则，着眼于民心相通，重视公共外交工作。"一带一路"公共外交可称之为"丝路公共外交"。传播丝路文化、讲好丝路故事、阐明丝路精神，是丝路公共外交的三大内涵；针对丝绸之路本身的公共外交——文明共同体，针对域外国家的公共外交——利益共同体，针对域内国家的公共外交——命运共同体，是丝路公共外交的三大目标；丝路公共外交的精髓在于发掘、传播、阐释好21世纪的丝路文明，把握好复兴、包容、创新三部曲，融通中国梦与世界梦。

五、中欧合作经营拉美地区第三方市场

拉美地区的二元性突出，这为中欧开展在拉美地区的合作提供巨大空间。拉美是发展中国家最集中的地区之一，除了智利、秘鲁、墨西哥是OECD国家外，全为发展中国家。但作为前西班牙、葡萄牙等欧洲国家的殖民地，文化、人种上总体是欧洲式的，政治与社会结构也具有较明显的欧洲色彩。这种南方国家与欧洲文化的二元性在巴西等国表现得尤其明显，墨西哥与加勒比国家则是南方国家与西方文化的二元性，因为受到美国的巨大影响。中国进入拉美，缺乏语言、国情等了解，必须与欧洲合作，而拉美地区普遍对中国寄予高度期待。

中欧合作经营拉美市场是推进全球治理、地区治理和世界多极化的需要。拉美地区自然资源丰富而贫富差距大，"拉美病"是与中等收入陷阱、华盛顿共识等联系在一起的。在气候变化、城市化、经济发展、社会治安等方面中欧开展拉美事务合作，有利于拉美和发展中国家治理，共同推进中欧在拉美地区的影响，平衡美国作用。

中欧如何推进在拉美地区的合作？

技术层面：华为公司在 4G 技术创新方面具有优势，与葡萄牙电讯运营商合作，有效与美国竞争，占据了巴西电讯市场。由于历史上的联系，拉美国家的垄断行业多为欧洲国家经营商所经营，而技术创新方面不如美国，这为美国的技术渗透提供了空间。欧洲公司希望携手中国技术，开拓拉美市场。中国帮助委内瑞拉发射卫星、与巴西合作发射火箭，在拉美地区产生巨大冲击效应，改变了拉美对中国的看法。不少拉美国家纷纷表示，希望与中国合作，希望中国转移相关技术，这为中欧携手经营拉美市场提供了机遇。

制度层面：中国企业走进拉美，缺乏对当地管理制度、劳工标准、企业文化等了解，与欧洲国家合作是不二选择。中欧合作在拉美国家的大宗商品、物流、金融、知识产权等制度建设、创新方面具有广泛潜力，成为影响世界规则制定方面的推手。联合国拉美经济委员会对中国寄予厚望，在城市化、气候变化等全球事务层面是中欧合作的重要平台。

观念层面：拉美国家对华盛顿共识一度十分欢迎，智利等国成功实践实现现代化，然而更多国家为此陷入中等收入陷阱。中欧合作在拉美推行中国模式、欧盟模式，是中欧作为和平的伙伴、改革的伙伴、增长的伙伴、文明的伙伴的希望，尤其是在包容性发展、可持续发展等领域，中欧在拉美地区的合作具有全球意义。

六、英国参与"一带一路"建设的示范作用

在欧洲国家中,英国参与"一带一路"建设具有全球示范作用。

2015年3月,英国不顾美国的反对在西方世界中率先加入亚投行,推动其他发达国家加入,引发亚投行热。英国的勇气、胆量与远见卓识,给世人留下深刻印象。英国财政大臣奥斯本还专程访问新疆,为英国积极参与"一带一路"建设发出明确信号。这充分体现英国要成为西方国家中发展对华合作最积极的国家,中英合作迎来黄金时代。

概括起来,英国参与"一带一路"建设主要有五大方式:

一是战略对接。英国并非古丝绸之路国家,也非"一带一路"沿线国家,但是英国主动提出将英格兰北部振兴计划与"一带一路"战略对接,邀请习近平主席访问曼彻斯特,向世界发出非沿线国家也可参与"一带一路"建设的积极信号。

二是服务于"五通"。英国近年积极打造海外人民币离岸、清算中心。习近平主席2015年10月访英,还将就伦敦发行人民币债券达成协议。作为老牌金融大国,英国的举措对丝路基金、人民币国际化具有重大推进作用,极大服务于"一带一路"的资金融通。"一带一路"沿线国家许多是英国的前殖民地,采用英美法律体系,因此中英合作推动"一带一路"建设的政策沟通、设施联通、民心相通,十分必要且意义重大。

三是开发第三方市场。不同于美国通过联盟体系实现霸权,英国是真正治理过世界的国家,派总督直接统治殖民地,

包括许多现在的"一带一路"沿线国家。因此，中英合作开发"一带一路"市场，在"一带一路"沿线进行经济、安全治理合作，具有巨大的空间。英国经验、智慧、创意与中国模式、技术市场化能力结合，必将奏出"一带一路"建设的华美乐章。英国对第三方市场合作的理解比中国更丰富，包括法律、保险服务等内涵，这对于推动"一带一路"建设从"走出去"到"走进去"，实现中国制造、中国建造、中国服务在"一带一路"沿线当地化弥足珍贵。

四是国际产能合作。英国是工业革命发源地，基础设施不仅存在老化的问题，还面临数字化的任务，这为中英产能合作提供了广阔空间。习近平主席访英签署价值高达2400亿人民币的中英核电合作协议，引领了国际产能合作潮流。这对于加速"一带一路"建设的国际产能合作具有巨大示范作用。

五是共建海上丝绸之路。《中欧合作2020战略规划》提出，加强中欧在海洋综合管理、海洋空间规划、海洋知识、海洋观测与监测、海洋科技研发、海洋经济发展、海洋能源利用方面的交流与合作。作为全球海洋大国，英国在这些方面都可积极参与，尤其是海上航运、物流合作、海洋安全合作、发展海洋经济合作、海洋空间规划合作、海洋资源、数据开发、共享，以及海洋环境保护合作等方面潜力巨大。英国在国际航运规则制定上拥有关键性话语权，是海上丝绸之路建设的重要伙伴。中英若能打造海洋伙伴关系，不仅将具体落实中欧和平、增长、改革、文明四大伙伴关系，也将大力推动海上丝绸之路建设。

英国积极参与"一带一路"建设还具有示范意义,它充分证明,开放合作、和谐包容、市场运作、互利共赢,不仅体现丝路精神,也在开启全球化新模式。

总之,"和平合作、开放包容、互学互鉴、互利共赢"的丝绸之路精神,是中国历史智慧的结晶。"一带一路"建设将开启 21 世纪丝路精神,挖掘、展示和开创中国全球化智慧。

七、"一带一路"孔子学院的故事

孔子学院创办于 2004 年。10 多年来,孔子学院以推广汉语和传播中华文化为己任,从无到有,从小到大,实现了跨越式发展。目前,已在 138 个国家和地区设立了 500 多所孔子学院和 1000 多个中小学孔子课堂。其中,"一带一路"沿线的 51 个国家设立了 131 所孔子学院和 119 个孔子课堂。孔子学院从语言入手,通过文化交融,筑建了中国与世界人民互联互通的"心灵高铁",成为世界认识中国的重要平台,为推进中外人文交流与合作,增进中外人民理解和友谊,促进多元多彩的世界文明发展做出了重要贡献。

10 多年来,累计有 15 万名中外专兼职院长、教师和志愿者积极参与孔子学院建设,其中,中方派出院长、教师、志愿者 7 万多人,累计培养培训注册学员达 500 多万人,其中"一带一路"沿线国家孔子学院累计注册学员 158 万人。广大中方院长、教师和志愿者努力克服文化差异,学会了贴近外国人思维、习惯和生活的交流方式,用自身实际行动和一个个鲜活案例，讲好中国故事，传播好中国声音，被誉为"美丽的中国名片"和"真实的中国读本"。大批外方教职员工和学员，通过学习汉语，了解了中国文化和当代中国，成为推动所在国家对华友好和与华开展全方位交流合作的中坚力量。

（一）学唱泰国国歌的中国志愿者

泰国是海上丝绸之路的重要枢纽，也是孔子学院和课堂数量最多的亚洲国家。10多年来，中方共向泰国派出院长、汉语教师和志愿者1.4万人，其中，20多岁的大学生志愿者近1.3万人。这些在家里被视为"娇宝宝"的大孩子们，在异国他乡努力克服陌生环境和文化差异造成的种种困难，快速成长，勤奋工作，为促进泰国汉语教学发展和中泰人民友谊，做出了历史性的贡献。

23岁的赵雪是一名被派往泰国碧差汶女子中学的志愿者。启程之前，赵雪对即将到来的支教生活充满了期待，觉得自己是一个外国人，作为当地唯一的中国教师，应该会受到热烈欢迎和热情招待。然而，当她第一天踏进学校大门，受到的招待却出乎意料。当地教师把她送到宿舍后就离开了，而宿舍里只有一张没有铺盖的床和简易的桌椅、柜子，甚至连烧水壶都没有，只能干巴巴地啃方便面。孤独和无助感顿时涌上赵雪心头。

接下来几日，因为语言不通以及风俗习惯差异引发的问题愈来愈多，两种不同的声音萦绕在赵雪心头，不停地纠结和争斗：一种声音是，反正就一年的时间，就这么混过去算了；另一种声音是，我要通过改变我自己，改变泰国师生对我、对中国的看法。经过多日的挣扎和思考，赵雪决定选择第二条道路。

  决心既下，赵雪立即付诸行动。办法就是，积极与泰国的同事们沟通，虚心向他们请教教学法，业余时间到社区了解当地的文化传统和风俗习惯，特别是主动与学生一起学习泰国的语言、舞蹈，甚至是学唱泰国国歌，并且与学校师生一起参加他们的升国旗仪式。这位来自邻国的年轻女孩，日复一日地以自己的独特方式，在表达对泰国风俗习惯、教学传统和当地师生民众敬意的同时，也逐渐受到了当地师生民众的尊敬。很快，赵雪就与当地老师一起备课，一起吃饭，一起逛街，与学生们唱歌跳舞和玩耍，渐渐地融入了当地文化，成为他们大家庭中的一员。一年下来，赵雪成为当地广受欢迎的中国教师。她的汉语课，不仅吸引了所在学校各个年级的学生，而且还有很多泰国的教师和当地民众报名参加。很多当地民众提到赵雪，都会以赞赏的口吻说，"我们喜欢这位学唱泰国国歌的中国老师"。

  正是在中泰双方高度重视和大力支持下，在千千万万像赵雪这样的教师、志愿者努力下，泰国孔子学院和汉语教学获得迅猛发展。目前，泰国已设立15所孔子学院和18个中小学孔子课堂，并延伸下设了近200个教学点，遍布泰国各地，累计注册学员达72万人，各类文化活动受众500万人次。2015年，泰国专门成立了"海上丝路孔子学院"，致力于"一带一路"建设研究，为中泰全方位合作提供咨询服务。

（二）行走在"千岛之国"的中方院长

菲律宾是海上丝绸之路的重要一环，也是汉语需求持续增长的国家之一。目前，菲律宾已设立3所孔子学院和3个孔子课堂，并延伸下设了100多个汉语教学点，累计注册学员15万人。菲律宾孔子学院之所以能下设100多个汉语教学点，红溪礼示大学孔子学院中方院长章石芳功不可没。

为了推动菲律宾汉语教学发展，章石芳多次专程拜会菲律宾教育部长阿明·路易斯楚，详细述说在菲律宾公立中学开设汉语课程的必要性和可行性，并请求部长的支持和帮助。路易斯楚部长表示："你所说的就是我们想要做的。中国太重要了，我们的中学生需要掌握汉语以增强竞争力。你们的帮助恰逢其时，我们会尽快开展相关项目。"

在菲律宾教育部的支持下，经过章石芳院长的持续努力，红溪礼示大学孔子学院在汉语教学尚处一片荒漠的菲律宾主流社会，开始了耕耘的春天。章石芳深入菲律宾各地，积极与大中小学、教育机构以及企业探讨合作可能性，最终在全菲主流学校率先设立了16个汉语教学点，为当地孩子们提供了便捷优质的汉语教学服务。红溪礼示大学孔子学院也由此得了一个"行走的孔子学院"的美誉，章石芳院长本人也被称"行走在'千岛之国'的中方院长"。

在红溪礼示大学孔子学院和章石芳院长的影响带动下，菲律宾汉语教学点如雨后春笋般发展起来。2011年6月，菲律宾教育部宣布，汉语作为正式外语选修课程纳入公立中学教学体系，并任命章石芳院长为"菲律宾教育部汉语项目督导"。很快，春节也成了红溪礼示市的法定假日，满城悬挂的红灯笼成了小城的一道独特风景。

2015年7月，红溪礼示大学孔子学院隆重举行五周年庆典，菲律宾总统、副总统、教育部长等政要纷纷发来贺信，盛赞孔子学院在促进中菲两国教育文化交流、增进人民间的理解和友谊方面做出的杰出贡献。2015年11月19日，在马尼拉出席APEC会议的习近平主席接见了章石芳院长和19名汉语教师，勉励他们"多做工作，做好工作"。孔子学院为菲律宾民众打开了一扇窗，推开了一扇门，从此中国变得不再遥远。

（三）蒙古国孔子学院的"中国通"

蒙古是中国的重要邻国。目前，已成立3所孔子学院和5个孔子课堂，累计注册学员2万人，各类文化活动受众22万人次。其中，蒙古国立大学孔子学院成立最早，办学成效显著，这与蒙方院长其米德策耶教授的不懈努力有着密切的关系。

其米德策耶院长是蒙古国立大学外语与文化学院的教授，也是蒙古最著名的汉学家之一。2007年孔子学院成立以来，其米德策耶院长一直担任蒙方院长。几年下来，他亲自走访了所有开设汉语的高校和中小学，对蒙古汉语教学进行了一次摸底调研。其米德策耶院长发现，蒙古有很多中资企业，汉语人才很受欢迎，蒙古青年普遍渴望学习汉语、了解中国，但蒙古已有的汉语教材和中国文化读物陈旧匮乏，缺乏吸引力，亟需做出改变。

在寻求中方支持汉语教材和文化读物的同时，其米德策耶院长夜以继日，笔耕不辍，连续编写出版了《简明常用汉字字典》《汉蒙教程》等教材和工具书，翻译出版了《论语》《大学》《孙子兵法》《中庸》等系列中华文化典籍，以及《中国现当代女作家短篇小说选》等现当代文学作品，广受蒙古学生和民众喜爱。其中，蒙文版《论语》问世以来，先后印刷4次，每次都销售一空，成为蒙古最受欢迎的十大典籍之一。2015年，其米德策耶院长又出版了专著《我们知晓与不知晓的中国：思维和文化》，对唐诗宋词、四大名著等中国历代优秀文学作品以及现当代影视文化作品进行了深度阐释和解析，获得蒙古国翻译作品最高奖——"金羽毛"文学奖。

在开展中国研究的同时，其米德策耶院长还发起成立了蒙古国汉学家俱乐部，创办并担任《蒙古国汉学研究》《翻译研究》主编，为蒙古国汉语教学发展和汉学研究做出了突出贡献。在其米德策耶院长的积极推动下，孔子学院与当地各类机构和各类人士建立了良好合作关系，每年文化交流活动惠及数万人，孔子学院在蒙古国尽人皆知，改变了很多民众对中国的看法。2016年3月，其米德策耶教授荣获蒙古国总统签发的"功勋文化活动家"金质奖章，这既是蒙古国政府对他本人事业的高度赞扬，也是对蒙古国立大学孔子学院工作的充分肯定和褒奖。

（四）酷爱中国的塔吉克斯坦姑娘

塔吉克斯坦是"一带一路"重要的桥头堡，目前虽然只有1所孔子学院和1个孔子课堂，但注册学员已达1.6万人，而且每年通过"孔子学院奖学金",组织大批塔吉克斯坦青年来华留学研修,米娜就是其中的一位佼佼者。

米娜17岁时,曾跟着姑妈到中国旅行。从此,她爱上了这个美丽的国家和她的人民。2011年,米娜来到福州,成为福建师范大学的进修生。2012年,她报名参加了孔子学院总部主办的"汉语桥"在华留学生汉语大赛,从100多名优秀选手中脱颖而出,最终获得了冠军。更让米娜激动的是,中华人民共和国国务委员、孔子学院总部理事会主席刘延东女士亲自给她颁发了冠军奖杯和证书。

比赛结束后,米娜获得了"孔子学院奖学金",进入北京大学攻读硕士学位。2014年9月27日,全球首个"孔子学院日"启动仪式上,米娜作为孔子学院奖学金生代表,在开幕式上发言。她说,2000多年前,中国人就通过丝绸之路到达塔吉克斯坦。现在两国是好邻居、好朋友,经贸往来十分频繁,中国人为塔吉克斯坦发展提供了大量帮助,现在很多塔吉克斯坦青年都想学习汉语,都想更多了解中国。她表示,希望自己毕业后无论在哪里工作,都能与中国继续保持密切联系,而自己的未来规划,就是成为一名塔吉克斯坦的本土汉语教师,当好塔吉克斯坦文化与中华文化传播交流的使者。米娜还说,希望未来能以自己的视角,写一本反映有关中国的书,展现中国许多有趣的东西,让塔吉克斯坦的年轻人更喜欢中国,并从学习中华文化中受益。

在开幕式上,米娜再次见到了刘延东副总理。让她惊喜的是,刘延东副总理在主旨发言中,特意点名表扬她汉语说得好,勉励她努力做中国与塔吉克斯坦友好的使者。米娜高兴万分，表示一定不会辜负刘延东副总理的期望，努力为促进塔吉克斯坦和中国友好关系发展做出自己的贡献。

（五）塞尔维亚的"汉语小明星"

塞尔维亚是中国的传统友好国家，目前设有2所孔子学院和1个孔子课堂，累计学生4000多人，各类文化活动受众15万人次。孔子学院学生苏俐娜，是塞尔维亚有名的"汉语小明星"，也是中塞传统友好关系的一个象征。

苏俐娜是贝尔格莱德语言中学的高中生，她经常开玩笑说，我虽然只有17岁，但严格讲我学汉语已经有10年了，宽松讲我学汉语已经18年了。别人笑问她为什么时？她会严肃地说：这不是笑话。因为，我的妈妈是一名汉学家，她在怀我的时候就经常对着肚子里的我说话，一会儿说汉语，一会儿说塞语。后来我出生以后，我妈也是继续这样教我，所以我刚开始学说话的时候，也是一会儿讲塞尔维亚语，一会儿讲汉语，有的词语甚至只会用汉语说。

其实，苏俐娜一家迷上中国要从她的外公开始讲起。苏俐娜的外公是一名普通工人，20世纪六七十年代，南斯拉夫流行中国产自行车和布鞋，外公就是通过买了中国产的一辆黑色自行车和一双红白条纹布鞋，赢得了外祖母的芳心。外公经常自豪地说，这钱花得太值了。外公把自己对中国的热爱传给了三个孩子，苏俐娜的妈妈上大学时毫不犹豫地选择了学汉语，后来又把这种对中国的热情传给了苏俐娜，经常给苏俐娜朗读汉语作品，陪苏俐娜看中国产动画片《三毛》《狼来了》等，甚至教苏俐娜数数时，都是一只手用汉语数，一只手用塞语数。

但是,孔子学院设立之前,塞尔维亚仅有几所大学开设汉语课程,汉语教师不多,汉语教材很少,甚至在书店里都买不到汉语书籍,学汉语的人数很少。苏俐娜很幸运,从小时候就掌握了汉语,但她也经常为没有能与自己一起学习和交流汉语的朋友感到苦恼。2006年,塞尔维亚创办了第一所孔子学院,越来越多的塞尔维亚人,甚至是一些小学生和幼儿园的小朋友都开始学习汉语。也就是从那时起,苏俐娜越来越开心,她不仅在孔子学院结识了很多学汉语的朋友,而且积极利用自己的汉语特长,参加孔子学院组织的各类文化活动。比如,2015年春节期间,苏俐娜参加了孔子学院举办的网络春晚活动,跳了中国水袖舞《北方有佳人》,全场观众报以热烈的掌声,在网络上也引起不小的轰动。2015年10月,苏俐娜又代表塞尔维亚孔子学院,到中国云南参加第八届"汉语桥"世界中学生中文比赛,荣获大赛一等奖并认识了很多来自世界各地的青年朋友。现在,苏俐娜经常接受中塞两国媒体采访,成了塞尔维亚最有名气的汉语小明星。

苏俐娜说,孔子学院带给自己很多欢乐,而"汉语桥"就像它的名字一样,是一座文化的桥梁、友谊的桥梁,通过这座桥,世界各地青年朋友在学习汉语和中国文化的同时,也向中国以及世界各国展示本国的语言和文化。苏俐娜表示,今后自己一定会更加努力学习汉语,了解中国,并且会积极带动和帮助塞尔维亚青年朋友与中国结缘。

参考文献

陈炎《海上丝绸之路与中外文化交流》，北京：北京大学出版社，2002年。

陈元、钱颖一主编《"一带一路"金融大战略》，北京：中信出版集团，2016年。

冯并《"一带一路"：全球发展的中国逻辑》，北京：中国民主法制出版社，2015年。

葛剑雄、胡鞍钢、林毅夫等《改变世界经济地理的"一带一路"》，上海：上海交通大学出版社，2015年。

国家发展改革委、外交部、商务部《推动共建丝绸之路经济带和21世纪海上丝绸之路的愿景与行动》，北京：人民出版社，2015年。

黄茂兴《历史与现实的呼应：21世纪海上丝绸之路的复兴》，北京：经济科学出版社，2015年。

金立群、林毅夫编《"一带一路"引领中国》，北京：中国文史出版社，2015年。

李忠民《"丝绸之路"经济带发展研究》，北京：经济科学出版社，2014年。

厉以宁、林毅夫、郑永年等《读懂"一带一路"》，北京：

中信出版集团，2015年。

刘伟、郭濂主编《"一带一路"：全球价值双环流下的区域互惠共赢》，北京：北京大学出版社，2015年。

刘迎胜《丝绸之路》，南京：江苏人民出版社，2014年。

刘育红《"新丝绸之路"经济带交通基础设施与区域经济增长》，北京：中国社会科学出版社，2014年。

马莉莉、任保平《丝绸之路经济带发展报告：2014》，北京：中国经济出版社，2014年。

孟凡人《丝绸之路史话》，北京：社会科学文献出版社，2011年。

芮传明《丝绸之路研究入门》，上海：复旦大学出版社，2009年。

上海春秋发展战略研究院《"一带一路"宏观形势分析图表集》，2015年12月。

孙中山《建国方略》，郑州：中州古籍出版社，1998年。

王义桅《海殇？——欧洲文明启示录》，上海：上海人民出版社，2013年。

王义桅《"一带一路"：机遇与挑战》，北京：人民出版社，2015年。

习近平《习近平谈治国理政》，北京：外文出版社，2014年。

张西平《丝绸之路中国与欧洲宗教哲学交流研究》，乌鲁木齐：新疆人民出版社，2010年。

赵可金《"一带一路"：从愿景到行动（2016）》，北京：北京大学出版社，2015年。

赵磊《"一带一路"：中国的文明型崛起》，北京：中信出版社，2015年。

赵磊主编，"一带一路"百人论坛编《"一带一路"年度报告：从愿景到行动》，北京：商务印书馆，2016年。

中国人民大学重阳金融研究院编《欧亚时代——丝绸之路经济带研究蓝皮书2014—2015》，北京：中国经济出版社，2014年。

中国人民大学重阳金融研究院编《"一带一路"国际贸易支点城市研究》，北京：中信出版社，2015年。

邹磊《中国"一带一路"战略的政治经济学》，上海：上海人民出版社，2015年。

［古希腊］阿里安《亚历山大远征记》，李活译，北京：商务印书馆，1979年。

［乌兹别克斯坦］艾哈迈多夫《16—18世纪中亚历史地理文献》，陈远光译，北京：人民出版社，2011年。

［加拿大］贝旦宁《东方遭遇西方》，孔新峰、张言亮译，上海：上海三联出版社，2011年。

［澳］贝哲民《新丝绸之路》，程仁桃译，北京：东方出版社，2011年。

［美］比尔·波特《丝绸之路：追溯中华文明史上最辉煌的篇章》，马宏伟、吕长青等译，成都：四川文艺出版社，2013年。

［美］布热津斯基《大棋局》，上海：上海人民出版社，2014年。

［日］川胜平太《文明的海洋史观》，刘军译，上海：

上海文艺出版社，2014年版。

［美］德隆·阿西莫格鲁、［美］詹姆斯·A.罗宾逊《国家为什么会失败》，李增刚译，长沙：湖南科学技术出版社，2016年。

［英］哈·麦金德《历史的地理枢纽》，北京：商务印书馆，2015年。

［美］拉鲁什、琼斯《从丝绸之路到世界大陆桥》，南京：江苏人民出版社，2015年。

［法］鲁保罗《西域的历史与文明》，耿昇译，北京：人民出版社，2012年。

［英］马丁·雅克《大国雄心：一个永不褪色的大国梦》，北京：中信出版集团，2016年。

［美］马汉《海权对历史的影响（1660—1783）》，北京：海洋出版社，2013年。

［德］马克思、恩格斯《共产党宣言》，北京：中央编译出版社，2005年。

［英］诺曼·戴维斯《欧洲史》，郭芳、刘北成等译，北京：世界知识出版社，2007年。

［美］彭慕兰《大分流：欧洲、中国及现代世界经济的发展》，史建云译，南京：江苏人民出版社，2010年。

［美］芮乐伟·韩森《丝绸之路新史》，张湛译，北京：北京联合出版公司，2015年。

［美］塞缪尔·亨廷顿《文明的冲突与世界秩序的重建》，周琪等译，北京：新华出版社，1988年。

［美］斯塔夫里阿诺斯《全球通史》，吴象婴、梁赤民

等译，北京：北京大学出版社，2005年。

［英］斯坦因《西域考古记》，北京：商务印书馆，2013年。

［瑞典］斯文·赫定《丝绸之路》，江红、李佩娟译，乌鲁木齐：新疆人民出版社，2013年。

［美］托马斯·弗里德曼《世界是平的》，何帆、肖莹莹、郝正非译，长沙：湖南科技出版社，2006年。

［法］托马斯·皮凯蒂《21世纪资本论》，北京：中信出版社，2014年。

［英］吴思芳《丝绸之路2000年》，济南：山东画报出版社，2008年。

［美］伊曼纽尔·沃勒斯坦《现代世界体系》，罗荣渠等译，北京：高等教育出版社，1998年。

［伊朗］志费尼《世界征服者史》（全两册），何高济译，北京：商务印书馆，1999年。

BIN, YANG, Buddhism and Islam on the Silk Road. *Journal of World History*, 22.4 (2011): 825–828.

Brysac & Shareen Blair, The Virtual Silk Road. *Archaeology*, 4(2000): 72.

Christopher I. Beckwith, *Empires of the Silk Road*, Princeton University Press, 2009.

Edgar Knobloch, *Treasures of the Great Silk Road*, The History Press, 2013.

Foster, Robert W., Journeys on the Silk Road, *Historian*, 76.1 (2014)：151–152.

James, N., Silk Road Riches No Embarrassment. *Antiquity*,

85.328(2011): 654–656.

Jim Brewster, *The Silk Road Affair*, Outskirts Press, 2009.

Jonathan Tucker, *The Silk Road: China and the Karakorum Highway*, I.B.Tauris & Co, Ltd, 2015.

Jurgen Osterhammel & Niels P. Petersson & Dona Geyer, *Globalization A Short History*, Princeton University Press, 2009.

Kathryn Ceceri, *The Silk Road: Explore the World's Most Famous Trade*, Nomad Press, 2011.

Lincoln Paine, *The Sea and Civilization: A Maritime History of the World*, New York: Alfred Knopf, 2013.

Louise Levathes, *When China Ruled The Seas: The Treasure Fleet of The Dragon Throne*, 1405–1453, Oxford Universit Press, 1944.

Luce Boulnois, Wong HowMan & Amar Grover, *Silk Road: Monks, Warriors & Merchants on the Silk*, Airphoto International Ltd, 2012.

Mark Notrll, *Travelling The Silk Road: Ancient Pathway to the Modern World*, American Museum & Natural History, 2011.

Peter Frankopan, *The Silk Road: A New History of the World*, Bloomsbury, 2015.

Valerie Hanson, *The Silk Road*, Oxford University Press, 2012.

后 记

中国政府如能使丝绸之路重新复苏，并使用现代交通手段，必将对人类有所贡献，同时也为自己树起一座丰碑。

——［瑞典］斯文·赫定《丝绸之路》

"If you believe, you can achieve."这句英文谚语不仅生动诠释了笔者对"一带一路"研究的执着，也诠释了"一带一路"建设的真谛：早参与、早得益；世界因为分享而美好。

自从国内首部从国际关系角度诠释"一带一路"的专著《"一带一路"：机遇与挑战》问世以来，承蒙海内外朋友厚爱，给笔者沿着"一带一路"走天下的机会，于是广泛去国内外考察、演讲，足迹遍布土耳其、意大利、比利时、德国、保加利亚、捷克、芬兰、挪威、瑞典、哈萨克斯坦、伊朗、埃及、韩国、柬埔寨等国，新疆、青海、陕西、宁夏、湖北、上海、浙江、福建、广东、广西、云南、四川、重庆等地，广泛考察各类企业、新区，新的所见所闻催促我不断思考，提升和完善笔者对"一带一路"的认识，这便有了此书。

商务印书馆总编辑周洪波先生，敏锐地抓住笔者在首届"'一带一路'百人论坛"发言的观点"世界是通的"，嘱托以此为主题成书，激励早日完稿。这就是我们的"一带一路"之缘吧。能够在商务印书馆出书，是学者的莫大荣幸。作为商务印书馆的老读者，今天变成作者，要感谢周洪波总编辑，感谢商务印书馆的各位编辑。

感谢中国人民大学领导的关心支持，国际关系学院提供了良好的教学研究平台，人大重阳金融研究院提供了卓越的"一带一路"研究平台，国家发展与战略研究院等智库提供了交流机会。感谢中宣部、中联部、中外办、中央网信办、国安会、外交部、商务部、发改委、财政部、科技部、教育部、文化部、农业部、国新办、新疆生产建设兵团、国家外文局、国家海洋局、国家汉办、国家语委等部委给我机会，承担课题或出国任务，增加我对"一带一路"的认识及对世界的了解，尤其是参加2015年6月中宣部知名专家学者国情考察和5月中央党校学习，受益良多。

感谢家人的支持，使我能全力以赴，思考和践行"一带一路"。

感谢媒体朋友不断给养，催促我思考，补充信息、完善思路。

感谢商务部委托我承担"'一带一路'拓展经贸合作内涵"重大课题，中央网信办主任鲁炜、国务院侨办主任裘援平、教育部副部长郝平、住房和城乡建设部副部长陈大卫、国家汉办主任许琳、国务院发展研究中心副主任隆国强、国家发改委副秘书长范恒山及西部司巡视员欧晓理、中国工商银行副行长张红力等从政策上给予指导，还提供信息与思想。靳诺、刘伟、葛剑雄、林毅夫、李稻葵、胡鞍钢、何茂春、马国书、程亚文、张菲、王文、刘英等专家学者阅读书稿，或给予鼓励，或予以指正。国内首个"一带一路"研究课程——中国人民大学"'一带一路'研究"选修课的同学们和我的博士生、硕士生，不仅帮助收集材料，还成为书稿的首批读者，提出修改意见，增强其可读性。

　　我把对世界的爱都献给了"一带一路"，相信世界是通的；我把对中国的爱都给了"一带一路"，相信中国梦定当实现。我深知，本书只是借"一带一路"的逻辑探析21世纪的东方思维、东方哲学、东方理论及其世界意义，为此在解构人类文明史、全球化史，推动中国与世界走出近代，告别西方，可谓寓破于立、寓立于破，只是开了个头，亟待完善。"一带一路"是全新的事业，我只是在海边玩耍的小孩，有时拾到贝壳，更多的是感受到日出的光芒。本书涉猎话题宏大、视野超乎寻常，一定有我力所不及之处，希望引发国内外更深入探讨，借此求教于方家。

　　"一带一路"在21世纪实现"张载命题"：为天地立心，为生民立命，为往圣继绝学，为万世开太平，并实现人类的创新、协调、绿色、开放、共享等五大发展理念，开创全球化3.0版——包容性全球化，助推发展中国家实现弯道超车、变道超车和人类文明共同复兴，让我想起2015年3月参加在伊斯坦布尔举办的欧亚经济峰会期间，当蒙古首任总统听完笔者介绍"一带一路"时说的四个字——功德无量。

　　今天，之所以能以"中国通"实现"天下通"，以"中国梦"实现"世界梦"，首先要感谢秦皇汉武实现"书同文、车同轨"及打通西域；其次要感谢以毛泽东同志为代表的中国共产党人不仅实现孙中山先生"建国大纲"，而且建立起独立、完整的国防、工业体系及社会主义制度，通过邓小平同志开创的改革开放事业找到一条符合中国国情的发展道路，推动世界经济中心千年后回归东方。

今天，习近平主席提出"一带一路"伟大倡议，鼓励更多的国家走符合自身国情的发展道路，实现共同富裕和共同复兴，融通中国梦与世界梦，这就是21世纪的天命吧。

王义桅

人民大学静园

2016年5月1日